ザ・トート・タロット

伊藤マーリン

はじめに

タロットは、

古代人が伝統的な象徴主義に従って考えついた、

自然力の絵画的表現である。

アレイスター・クロウリー

　トート・タロットはとても不思議なタロットデッキです。その神秘的な雰囲気に魅了され「これしかない！」と惚れ込んで使い続ける人もいれば、「カードの絵柄を見ていると酔ってしまう」と苦手意識を持って敬遠する人もいます。人によってこれほど好き嫌いが分かれるタロットデッキは珍しいのではないでしょうか。

　トート・タロットの作者アレイスター・クロウリーは黒魔術に精通し、「20世紀最大の魔術師」と呼ばれていました。一方、その破天荒（はてんこう）でスキャンダラスな言動から「極悪人」というレッテルを貼られることもありました。魔術師か悪魔か。天才か狂人か。人によって評価が異なるトート・タロットは、まるで両極端なキャラクターをあわせ持つクロウリーの人物像を反映しているかのようです。そんなトート・タロットに興味を持ち、本書を手に取ったあなたは、きっとカードとの相性が良いのでしょう。もしかすると、「カードに選ばれたひとり」なのかもしれません。

　私とトート・タロットの出会いも、まるで「カードに選ばれた」と感じるような、不思議な出来事がきっかけでした。10年ほど前、ヨーロッパ旅行のお土産として、家族からトート・タロットのデッキをもらいました。初めて手にしたとき、その美しい色彩と神秘的な雰囲気、独特の絵柄に魅了されたことを覚えています。ただ、残念なことに、ドイツ語で表示されたそのカードを使いこなすことができず、しばらく棚の中に眠っていました。

しかし、その後、奇妙な出来事が起こりました。トート・タロットが私の手元に次々と、いくつも、自然に集まってきたのです。ふと気付けば、大小のトート・タロットのデッキが目の前にある。運命的な巡り合わせが続いたことで、「私はカードに選ばれたのだ」と覚悟を決めました。それが、私がトート・タロットの研究を始めたきっかけです。

　ところが、研究を始めてすぐ、日本語で出版されているトート・タロットの解説書がほとんどないことに気付きました。ライダー・ウェイト版タロットの解説書はたくさんあるのに、トート・タロットの基本的な解説書が見当たらないのです。欧米ではライダー・ウェイト版タロットと同じくらい人気のあるトート・タロットですが、残念ながら日本ではあまりポピュラーではありません。それは、「カードが特殊」という理由だけでなく、「初心者向けの適当な解説書がない」という事情もあるのではないでしょうか。

　トート・タロットの定本はクロウリーが著した『トートの書』です。日本語訳も出版されていますが、その内容は初心者にはとても難解で、すべてを理解するにはかなり骨の折れる１冊です。私自身、『トートの書』を読み解くために長い時間をかけてきました。そのような経緯があったので、このたび「初心者にもわかりやすいトート・タロットの解説書を作りたい」という夢を実現する機会に恵まれ、とても感謝しています。

　トート・タロットには、カバラ、占星術、錬金術、神話、易、数秘術、ジオマンシー（土占術）、宗教、哲学など、あらゆるテーマに関連する無数のシンボルが描かれています。本書では、カードごとに主要なシンボルをピックアップし、それぞれの意味をわかりやすく解説しました。また、全体運、仕事運、恋愛運など、テーマごとに占った場合の解釈もご紹介しています。カードの意味を丸暗記する必要はありません。少しずつ理解を深めていくうちに、あなたの直感が磨かれ、インスピレーションを得ることができるでしょう。本書がトート・タロットに親しむきっかけとなり、トート・タロットのファンが増えれば、著者としてこんなにうれしいことはありません。

　トート・タロットの世界へようこそ！

　　　　　　　　　　　　　　　　　　　　　　　　　　　　伊藤マーリン

Contents

はじめに … 2

第1章　タロットの基礎知識 … 9
 1　タロットとは … 10
 2　タロットの歴史 … 11
 3　タロットの種類 … 12

第2章　トート・タロット … 15
 1　トート・タロットとは … 16
 2　アレイスター・クロウリー … 19
 3　トート・タロットの誕生 … 20
 4　アテュとスモールカード … 21
 5　カバラとの関係 … 24
 6　占星術との関係 … 28

第3章　カード解説 … 33

0	愚者	34	XI	欲望	56
I	魔術師	36	XII	吊るされた男	58
II	女司祭	38	XIII	死神	60
III	女帝	40	XIV	技	62
IV	皇帝	42	XV	悪魔	64
V	神官	44	XVI	塔	66
VI	恋人	46	XVII	星	68
VII	戦車	48	XVIII	月	70
VIII	調整	50	XIX	太陽	72
IX	隠者	52	XX	永劫	74
X	運命	54	XXI	宇宙	76

ワンドの騎士	78		ソードの騎士	134
ワンドの女王	80		ソードの女王	136
ワンドの王子	82		ソードの王子	138
ワンドの王女	84		ソードの王女	140
ワンドのエース	86		ソードのエース	142
ワンドの2	88		ソードの2	144
ワンドの3	90		ソードの3	146
ワンドの4	92		ソードの4	148
ワンドの5	94		ソードの5	150
ワンドの6	96		ソードの6	152
ワンドの7	98		ソードの7	154
ワンドの8	100		ソードの8	156
ワンドの9	102		ソードの9	158
ワンドの10	104		ソードの10	160
カップの騎士	106		ディスクの騎士	162
カップの女王	108		ディスクの女王	164
カップの王子	110		ディスクの王子	166
カップの王女	112		ディスクの王女	168
カップのエース	114		ディスクのエース	170
カップの2	116		ディスクの2	172
カップの3	118		ディスクの3	174
カップの4	120		ディスクの4	176
カップの5	122		ディスクの5	178
カップの6	124		ディスクの6	180
カップの7	126		ディスクの7	182
カップの8	128		ディスクの8	184
カップの9	130		ディスクの9	186
カップの10	132		ディスクの10	188

第4章　タロット占いの実践　　191

- 1　タロット占いをする前に　　192
- 2　質問テーマを決めるコツ　　193
- 3　タロット占いの手順　　194
- 4　逆位置　　196
- 5　解釈のコツ　　197
- 6　エッセンスアドバイス　　203

第5章　スプレッド　　207

- 1　1枚引き　　208
- 2　3枚引き　　209
- 3　二者択一　　210
- 4　ホロスコープスプレッド　　212
- 5　ヘキサグラムスプレッド　　214
- 6　ハートスプレッド　　216
- 7　ANKHスプレッド　　218
- 8　ケルト十字スプレッド　　220
- 9　生命の樹スプレッド　　222
- 10　女司祭スプレッド　　224

第6章　ケーススタディ　　227

- ケース1　1枚引きのケーススタディ①　　228
- ケース2　1枚引きのケーススタディ②　　230
- ケース3　二者択一のケーススタディ　　232
- ケース4　生命の樹スプレッドのケーススタディ　　235
- ケース5　女司祭スプレッドのケーススタディ　　239

コラム

コラム1「レディ・フリーダ・ハリス」　14

コラム2「クロウリーとロックミュージシャン」　190

コラム3「黄金の夜明け団（ゴールデン・ドーン）」　206

コラム4「3人の魔術師」　226

コラム5「錬金術とトート・タロット」　254

参考文献　243

巻末資料　244

版権許諾　255

おわりに　256

著者紹介　258

第1章
タロットの基礎知識

1. タロットとは

「秘儀」が込められたカードがタロットカード
大アルカナ22枚と小アルカナ56枚で構成される

　タロットカードは全部で78枚あり、22枚の大アルカナと56枚の小アルカナで構成されています。「アルカナ」はラテン語で「秘儀、秘法、秘伝」という意味です。

　大アルカナと呼ばれる22枚のカードは、伝説、神話、哲学、宗教、魔術などの象徴が盛り込まれた寓意画です。それぞれローマ数字とタイトルがついています。

　小アルカナは4つのスートに分かれます。スートとは、タロットの小アルカナに描かれているマークのことで、ワンド（棒）、カップ（杯）、ソード（剣）、ペンタクル（金貨）と呼ばれます（ペンタクルはディスク（円盤）と呼ばれることもあります）。これは、現代のトランプの源流と言われています。

　また、56枚の小アルカナは16枚のコートカード（人物札）と40枚の数札に分かれています。それぞれのスートには、王（キング）、女王（クイーン）、騎士（ナイト）、小姓（ペイジ）の4枚の人物札と、エース（1）から10までの10枚の数札があり、それが4スート分で合計40枚となります。

※コートカードの構成は、タロットデッキによって異なります。トート・タロットの構成については、第2章を参照してください。

2. タロットの歴史

時を経るごとにさまざまなバリエーションが生まれ
神秘主義者による研究も盛んとなる

　タロットの起源は諸説あります。エジプト起源説、インド起源説、ユダヤ教カバラ起源説など、さまざまな説が唱えられてきました。しかし、実際はいずれも信憑性に乏しく、その起源については神秘のベールに包まれています。

　現在の形のタロットが生まれたのは、15世紀前半の北イタリアのルネサンス諸都市であると言われています。当時は、貴族や富豪のために描かれた手描きの物が主流で、ゲームに使用されていたようです。現存する最古のタロットは、1484年の日付の入ったもので、「ヴィスコンティ・スフォルツァ版」と呼ばれています。

　16世紀頃から、木版画の量産品がヨーロッパ全体へ出回るようになり、徐々に庶民へ普及していきました。特にタロットゲームによるギャンブルは盛んで、風紀を乱すという理由から何度も禁止令が出ました。

　18世紀頃から、タロットを神秘的なアイテムとする風潮が高まり、占いに多用されるようになりました。また、この時期に、現在とほぼ同じ絵柄が確立しました。

　その後、タロットは、神秘学、錬金術、魔術などと関連して、発展していきました。18世紀末、フランスの学者クール・ド・ジェブランは、「タロットの起源は古代エジプトにある」という説を提唱しました。それは、古代エジプトの賢者の知恵を、寓意画（暗号）で表したものがタロットカードであるという説で、オカルティスト達から絶大な支持を得ました。

　それを受けて、当時の流行占い師エッティラが新解釈の「エッティラ版」を創作し「タロット＝神秘的」というイメージが確立されました。さらに、近世魔術師の筆頭であるエリファス・レヴィがその著書でタロットをカバラと結びつけ、タロットと魔術の融合が行われました。

　その後も、神秘主義者達によってタロットの研究が続けられました。そして、今のタロット占いのスタイルが出来上がったのです。

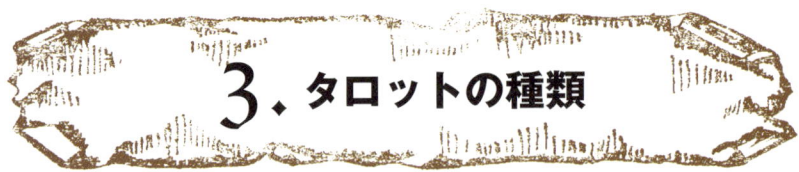

代表的なタロットはライダー版にマルセイユ版、トートの3種類

　現在、伝統的なものからオリジナルのものまで、さまざまな種類のタロットが出回っています。その中から、代表的なタロットデッキをご紹介します。

◆ライダー版タロット

　スタンダードな絵柄のタロットカードです。世界中で広く愛され、日本でも最も愛用者が多いタロットとして知られています。また、現在出回っている多くのタロットカードはこの「ライダー版」が元になっています。
　ライダー版のデザインは、黄金の夜明け団（19世紀にイギリスで生まれた魔術結社）に所属していたアーサー・エドワード・ウェイトが、パメラ・コールマン・スミスに描かせたタロットカードが元になっています。そのため、「ウェイト版」と呼ばれることもあります。

◆マルセイユ版タロット

　ライダー版と並び、タロットデザインの主流の一つを占める「マルセイユ版」と呼ばれるタロットカードです。小アルカナがシンプルなデザインで、初心者にも使いやすいカードです。
　フランスのマルセイユが発祥だと言われており、デッキの名前もそこからつけられました。
　その後製作された多くのタロットカードのルーツとなっており、復刻版なども多く作られています。

◆トート・タロット

　アレイスター・クロウリーによってデザインされ、レディ・フリーダ・ハリスによって描かれたカードです。クロウリーはライダー版の制作者であるアーサー・エドワード・ウェイトと同じく「黄金の夜明け団（ゴールデン・ドーン）」に所属していた時期があり、トート・タロットにもその教義が盛り込まれています。その他、詳細な解説は第2章をご参照ください。

Column.1

レディ・フリーダ・ハリス

　トート・タロットの絵を描いた画家はレディ・フリーダ・ハリス(1877年〜1962年)です。彼女の夫は英国議会のメンバーであるパーシー・ハリス卿だったので、名前に「レディ」という称号がついています。社会的地位の高い「レディ」のハリスと「黒魔術師」のクロウリー、正反対の2人が一緒に新しいタロットデッキを創作したのはなぜでしょうか。

　一般的に「トート・タロットといえばアレイスター・クロウリー」というイメージが強いため、クロウリーが主導して制作を進め、ハリスに絵を描かせた思う人が多いでしょう。ところが、実際の背景は全く違いました。なんと、ハリスはお金を払ってクロウリーを雇い、彼を監修者としてタロットの絵を描いたのです。

　クロウリーは当初、新しいタロットデッキを作る気はありませんでした。そんな彼にオリジナルのタロットデッキを制作するように促した人物こそ、クロウリーの弟子であり、画家でもあったレディ・フリーダ・ハリスなのです。彼女がいなければ、トート・タロットが生まれることはなかったでしょう。ハリスは単なる「トート・タロットの画家」ではなく、「トート・タロット誕生の立役者」といっても過言ではありません。

　トート・タロットの制作は1938年に始まりました。当初、ハリスは魔術やタロットの知識が不足していましたが、クロウリーの描いたラフスケッチと解説からイメージを膨らませ、5年の歳月をかけてすべての絵を完成させました。

　ハリスがクロウリーへ書いた手紙には、「最近、ひどい風邪と『恋人』のカードに悩まされています」「あなたに質問したいことが1000個あるわ！」という言葉が綴られ、トート・タロットの制作に彼女が苦悩した様子が伝わってきます。しかし、ハリスは並々ならぬ情熱を注いでその大仕事をやり遂げました。トート・タロットは最終的に「それぞれのカードが個性的な傑作である」とクロウリーが認めるほど、素晴らしい作品になったのです。

第 2 章
トート・タロット

1. トート・タロットとは

知恵と魔術の神に由来する名前を持ち
あらゆる知識を詰め込んだのがトート・タロット

　トート・タロットは、アレイスター・クロウリー（1875年〜1947年）がデザインし、レディ・フリーダ・ハリス（1877年〜1962年）によって描かれました。『トートの書』として1944年に出版され、その名前は古代ギリシアの知恵と魔術の神トートにちなんでいます。世界中でポピュラーなタロットの1つで、特に英語圏とドイツ語圏で人気があります。

　トート・タロットのアイデアは伝統的な中世のタロットに基づいていますが、古代の叡智を伝統的な象徴として再構成し、さらに深く神秘的な要素が加わっています。

　クロウリーは自分の持つすべての魔術的な知識をこのカードに注ぎました。彼は高等教育を受け、世界中を旅していたため、博学で豊富な知識を持っていました。その上、伝統的な秘儀に精通した熟練の魔術師でもあったのです。そのため、トート・タロットには、カバラ、占星術、錬金術、神話、易、数秘術、ジオマンシー（土占術）などの象徴がふんだんに盛り込まれています。

　ただ、それはトート・タロットの魅力であると同時に、問題点でもあります。細かい部分まで精緻に書き込まれた図像はとても素晴らしいものですが、他のタロットデッキと比べてはるかに複雑です。それを手にした人は、知的好奇心と探求心を大いに刺激されますが、その象徴があまりに多くて難解なので、簡単に意味を理解できないのです。

　また、図像の複雑さに加えて、他のタロットカードとは異なる部分が多いことも、トート・タロットが難しくてとっつきにくいと思われる原因です。中でも大きな違いとなるのが、「コートカードの構成」、「カードの名称」、「小アルカナのデザイン」です。

コートカードの構成上の注意点
トート・タロットにはキングがない

　トート・タロットは、他のタロットデッキと異なるカード構成になっています。この違いが混乱を生む原因です。たとえば、ウェイト版タロットと比べてみると、クロウリーはコートカード（絵札）の名前を次のような古い表現に変えました。

ウェイト版タロットのコートカードの名前	トート・タロットのコートカードの名前
キング（王）	ナイト（騎士）
クイーン（女王）	クイーン（女王）
ナイト（騎士）	プリンス（王子）
ペイジ（小姓）	プリンセス（王女）

カードの名称の特徴
大アルカナは「アテュ」と呼ばれる

　クロウリーは大アルカナ（アテュ）のカードの一部に新しい名前をつけました。「正義」は「調整（Ⅷ）」、「運命の輪」は「運命（Ⅹ）」に縮められ、「力」は「欲望（Ⅺ）」、「節制」は「技（ⅩⅣ）」、「世界」は「宇宙（ⅩⅩⅠ）」に変わりました。その中でも、最も大きな変化は20番目のカード「永劫」です。

　ウェイト版タロットで「審判」と呼ばれていたカードは、最後の審判でキリストが復活することの神秘を表現していました。一方、クロウリーの解釈では、このテーマは「オシリスの時代」、つまり「犠牲の時代」の終了を示しています。

　そしてクロウリーが新しくデザインした「永劫」のカードは、「ホルスの時代」に近づいていることを象徴しています。ホルスが新しい時代の支配者だという解釈をすると、カードの意味もおのずと変わってきます。

　古いタロットカードの「最後の審判」に描かれたのが「キリストによる罪のあがない」や「復活の神秘」だとすれば、トート・タロットの「審判」のカードは、「新しい誕生」や「未来が広がる可能性」を表しているのです。

小アルカナ（スモールカード）のデザイン
付された名前は複雑な意味を読み取りやすくする

　トート・タロットでは、小アルカナは「スモールカード」と呼ばれています。この小アルカナのデザインも、トート・タロットを複雑にしている原因の一つです。

　クロウリーは伝統的なタロットのシンプルで単純な描写と、ウェイト版タロットの簡単でわかりやすい描写の中間を取ろうとしました。そして、カードの概念を抽象化し、それを象徴するたくさんのシンボルをカードに散りばめました。その結果、カードの深い意味を表現することに成功します。ところが、そこに描かれたシンボルをよく知っている人しか意味を理解できない、という問題が出てきたのです。

　その問題を解決するために、クロウリーはそれぞれのカードに名前をつけました。そのおかげで、複雑なトート・タロットの小アルカナ（スモールカード）は、その意味を解釈しやすくなりました。

　ただし、カードの名前を参照する際は注意が必要です。なぜなら、それぞれのカードの象徴には、あらゆる言葉を尽くして説明するのと同じくらい、たくさんの意味が込められているからです。カードの名前だけで判断してしまうと、そのカードが何を示唆しているのか、よく理解できないままになってしまう恐れがあります。カードの名前を暗記するのではなく、まずは絵をじっくり見るようにしましょう。

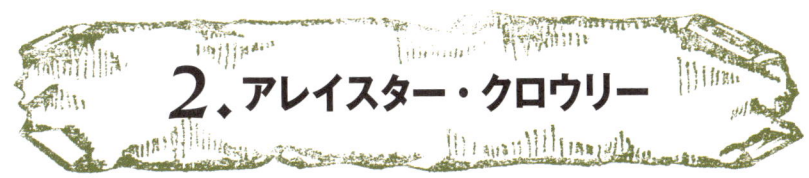

2. アレイスター・クロウリー

クロウリーは世紀の大悪党か?
それとも20世紀最大の魔術師なのか?

　アレイスター・クロウリーの評価は賛否両論です。アンチキリスト教である彼の挑発的な言動は、キリスト教が主流である欧米社会で嫌われていました。そのため、多くの人はクロウリーを「世紀の大悪党」と呼んで非難します。その一方、「20世紀で最も優秀で影響力のあるオカルティスト」だと賞賛する人々もいます。クロウリーは卓越したアイデアを持ち、高度な知識によって黒魔術を習得していたため、「素晴らしい魔術師」と彼を評価する人も多数いるのです。

　クロウリーがオカルトの道に足を踏み入れたのは、キリスト教への反感が原因でした。クロウリーは熱心なキリスト教徒の両親に育てられましたが、その信仰は熱心というより偏狭でエキセントリックなものでした。あまりにも両親の教育が厳しかったために、彼はキリスト教が愛を伝える宗教だということを知らなかったのです。厳格な寄宿学校へ入れられたクロウリーは、そのキリスト教教育に反発して退学することになります。その反動から、大人になった彼は、キリスト教を時代遅れで偽善的なものだと侮辱し、オカルトを志すようになりました。

　しかし、クロウリーは、犯罪者でもなければ、悪魔の伝道師でもありません。彼が目指したのは、多様な世界の宗教の教義を統合することでした。あらゆる宗教が共有する本質的な真実を抽出し、現代に合う宗教体系を発展させようとしました。「すべての歴史的・文化的な偏見から自由になろう。真実は1つだ」と宣言したクロウリーは、自分が新しい時代の預言者になろうとしたのです。

　ところが、新しい世界的宗教を作るという彼のもくろみは、なかなかうまくいきませんでした。熱狂的な一部のファンは彼の魔術を賞賛していましたが、人数はそれほど多くなく、影響力も少なかったのです。「アレイスター・クロウリー」という名前は、彼が新しいタロットデッキを作ったことで有名になりました。実際、彼が晩年に作製したトート・タロットは、彼の素晴らしい才能を証明しています。

3. トート・タロットの誕生

クロウリーのアイデアとイメージを
カードに落とし込んだハリスの功績

　トート・タロットは、クロウリーが所属していたゴールデン・ドーン（黄金の夜明け団。1888年にイギリスで設立された西洋神秘魔術の秘密結社）の秘儀が元となっています。ゴールデン・ドーンの儀式と瞑想の学びの中で、タロットは重要な役割を担っていました。1898年にゴールデン・ドーンに加入したクロウリーは、厳しい訓練によってオカルトの力を磨き、猛スピードで高い地位に就きました。

　その後、トート・タロットの誕生に影響する、決定的な出来事が起こります。1904年4月8日から10日、クロウリーはエジプトのカイロで霊的な存在であるエイワスから重要な予言を聞いたのです。クロウリーはエイワスの予言をすべて書き留めました。『法の書』と呼ばれるその予言は、彼が「セレマ」と名づけた宗教・哲学体系の基礎となり、1907年にクロウリーが創設した銀の星団（A∴A∴）という魔術結社の聖典となりました。

　トート・タロットは1938年から1943年の間に作られました。当初予定していた制作期間は3ヶ月でしたが、結局完成までに5年もの月日がかかりました。クロウリーは、自分の魔術の知識をすべてタロットに注ぎ、当時の科学、数学、哲学、人類学における最新の発見を融合させました。タロットの絵を描いたレディ・フリーダ・ハリスは、クロウリーのラフスケッチと解説からイメージを膨らませ、同じカードを8回も書き直したといいます。

　クロウリーへの手紙で彼女は、「最も素晴らしいデッキを作るために、聖なる守護天使によってカードを描かされている気がする」と書いています。2人が互いの才能を刺激し合って出来上がったトート・タロットは、それぞれのカードが個性的な魅力を持つ傑作となったのです。

4. アテュとスモールカード

トート・タロットはすべてのカードが「生命の樹」と対応している

　トート・タロットのカードは78枚あり、22枚のアテュ(大アルカナ)と56枚のスモールカード(小アルカナ)に分かれています。

　「アテュ」とは大アルカナのことで、「鍵」を意味します。「0 愚者」から「XXI 宇宙」まで、全部で22枚のカードがあります。アテュはすべて「生命の樹」のケテル(王冠)に帰属するとともに、1枚1枚が「生命の樹」のセフィラを結ぶ22本の径(パス)に配置され、22文字のヘブライ語アルファベットに対応しています。(カバラや占星術との関係については、次の項で詳しく説明します)。

■ アテュ(大アルカナ)とヘブライ語・占星術・生命の樹の関連

	カード名	ヘブライ語	ヘブライ語(意味)	占星術	生命の樹のパス
0	0. 愚者【The Fool】	א	アレフ(雄牛)	風のエレメント	ケテル=コクマー
1	I. 魔術師【The Magus】	ב	ベス(家)	水星	ケテル=ビナー
2	II. 女司祭【The Priestess】	ג	ギメル(らくだ)	月	ケテル=ティファレト
3	III. 女帝【The Empress】	ד	ダレス(扉)	金星	コクマー=ビナー
4	IV. 皇帝【The Emperor】	צ,ץ	ツァダイ(釣り針)	牡羊座	ネツァク=イエソド
5	V. 神官【The Hierophant】	ו	ヴァウ(釘)	牡牛座	コクマー=ケセド

6	VI. 恋人【The Lovers】	ז	ザイン（剣）	双子座	ビナー＝ティファレト
7	VII. 戦車【The Chariot】	ח	ケス（柵）	蟹座	ビナー＝ゲブラー
8	VIII. 調整【Adjustment】	ל	ラメド（鞭）	天秤座	ゲブラー＝ティファレト
9	IX. 隠者【The Hermit】	י	ヨッド（手）	乙女座	ケセド＝ティファレト
10	X. 運命【Fortune】	כ,ד	カフ（手の平）	木星	ケセド＝ネツァク
11	XI. 欲望【Lust】	ט	テス（蛇）	獅子座	ケセド＝ゲブラー
12	XII. 吊るされた男【The Hanged Man】	מ,ם	メム（水）	水のエレメント	ゲブラー＝ホド
13	XIII. 死神【Death】	נ,ן	ヌーン（魚）	蠍座	ティファレト＝ネツァク
14	XIV. 技【Art】	ס	サメク（支柱）	射手座	ティファレト＝イエソド
15	XV. 悪魔【The Devil】	ע	アイン（目）	山羊座	ティファレト＝ホド
16	XVI. 塔【The Tower】	פ,ף	ペー（口）	火星	ネツァク＝ホド
17	XVII. 星【The Star】	ה	ヘー（窓）	水瓶座	コクマー＝ティファレト
18	XVIII. 月【The Moon】	ק	クォフ（後頭部）	魚座	ネツァク＝マルクト
19	XIX. 太陽【The Sun】	ר	レシュ（頭）	太陽	ホド＝イエソド
20	XX. 永劫【The Aeon】	ש	シン（歯）	火のエレメント	ホド＝マルクト
21	XXI. 宇宙【The Universe】	ת	タウ（十字形）	土星	イエソド＝マルクト

スモールカード
（小アルカナ）

「スモールカード」とは小アルカナのことで、全部で56枚あります。その内訳は、40枚の数札と16枚のコートカード（人物札）です。

数札は、ワンド（棒）、ソード（剣）、カップ（杯）、ディスク（円盤）の4つのスートに分かれています。たとえば、ワンド（棒）のスートには、ワンドのナイト（騎士）、クイーン（女王）、プリンス（王子）、プリンセス（王女）の4枚のコートカード（人物札）と、ワンドのエース（1）からワンドの10までの10枚の数札があるので、合計14枚のカードがワンドに属しています。

これと同じように、カップ（杯）、ソード（剣）、ディスク（円盤）にも同じく14枚ずつのカードが属しているので、スモールカードの枚数は合計で56枚（各14枚×4スート）となります。

また、コートカードのスートはそれぞれ占星術の4エレメント（四大元素）と関連しており、数札のエースから10までの数札は生命の樹の各セフィラと対応します。

■ スートと4エレメントとセフィラの関連

	ワンド（棒）	カップ（杯）	ソード（剣）	ディスク（円盤）
エレメント	火	水	風	地
エレメントの性質	情熱、直感	感情、情緒	知性、思考	現実、感覚
セフィラ	コクマー	ビナー	ティファレト	マルクト

■ コートカードと4エレメントとセフィラの関連

	ナイト（騎士）	クイーン（女王）	プリンス（王子）	プリンセス（王女）
エレメント	火	水	風	地
エレメントの性質	情熱、直感	感情、情緒	知性、思考	現実、感覚
セフィラ	コクマー	ビナー	ティファレト	マルクト

5. カバラとの関係

カバラの奥義である「生命の樹」
10個のセフィロトと22のパスの関係性

　カバラは、ユダヤ教の伝統に基づいた神秘主義思想です。「生命の樹」(「セフィロトの樹」)はカバラで使用される図象の一つであり、カバラの奥義であると言われています。

　クロウリーが所属していたゴールデン・ドーン(黄金の夜明け団)でも、「生命の樹」とタロットカードを結びつける研究が行われていました。そのため、トート・タロットもカバラと密接な関連があります。

　「生命の樹」は、宇宙を支配する法則を図示したものであり、人が神の下へと至るために取るべき手段と過程を表したものであるとされています。その図像は天地が逆転しています。天に根を広げ、地に枝を伸ばしていくように描かれています。

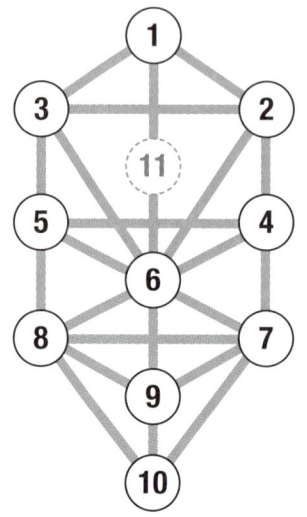

1. ケテル (王冠)
2. コクマー (知恵)
3. ビナー (理解)
4. ケセド (慈悲)
5. ゲブラー (正義)
6. ティファレト (美)
7. ネツァク (勝利)
8. ホド (栄光)
9. イエソド (基礎)
10. マルクト (王国)
11. ダアト (知識)

「生命の樹」は 10 個の球体（セフィロト）と、それを結ぶ 22 本の径（パス）で構成されています。なお、セフィラには「容器、光、神の特性」といった意味があり、その複数形がセフィロトです。トート・タロットでは、アテュ（大アルカナ）の 22 枚のカードが、それぞれのパスに対応しています。
　また、セフィラは、上図の天頂の「ケテル」から右下の「コクマー」、左の「ビナー」、右下の「ケセド」、左の「ゲブラー」、右下、全体の中央の「ティフェレト」、右下の「ネツァク」、左の「ホド」、右下の「イエソド」を経て、ジグザグに進み、最終の「マルクト」のセフィラへと至ります。なお、第3から第4のセフィラの間に隠された「ダアト」というセフィラがあります。

数字	セフィラの名前	セフィラの意味
1	ケテル	王冠
2	コクマー	知恵
3	ビナー	理解
4	ケセド	慈悲
5	ゲブラー	正義
6	ティファレト	美
7	ネツァク	勝利
8	ホド	栄光
9	イエソド	基礎
10	マルクト	王国
11	ダアト	知識

22個の径（パス）とアテュの関連
スモールカード&コートカード（小アルカナ）とセフィラの関連

　トート・タロットでは、下記の表のようにアテュ（大アルカナ）と22本の径（パス）が関連しています。また、数札とスモールカード（小アルカナ）は、それぞれセフィラと関連しています。

■ アテュ（大アルカナ）と22個の径（パス）の関連

	カード名	生命の樹のパス
0	0. 愚者 【The Fool】	ケテル ＝ コクマー
1	I. 魔術師【The Magus】	ケテル ＝ ビナー
2	II. 女司祭【The Priestess】	ケテル ＝ ティファレト
3	III. 女帝 【The Empress】	コクマー ＝ ビナー
4	IV. 皇帝 【The Emperor】	ネツァク ＝ イエソド
5	V. 神官 【The Hierophant】	コクマー ＝ ケセド
6	VI. 恋人 【The Lovers】	ビナー ＝ ティファレト
7	VII. 戦車 【The Chariot】	ビナー ＝ ゲブラー
8	VIII. 調整 【Adjustment】	ゲブラー ＝ ティファレト
9	IX. 隠者 【The Hermit】	ケセド ＝ ティフェレト
10	X. 運命 【Fortune】	ケセド ＝ ネツァク
11	XI. 欲望 【Lust】	ケセド ＝ ゲブラー
12	XII. 吊るされた男【The Hanged Man】	ゲブラー ＝ ホド
13	XIII. 死神 【Death】	ティファレト ＝ ネツァク
14	XIV. 技 【Art】	ティファレト ＝ イエソド

15	XV. 悪魔【The Devil】	ティファレト ＝ ホド
16	XVI. 塔　【The Tower】	ネツァク ＝ ホド
17	XVII. 星　【The Star】	コクマー ＝ ティファレト
18	XVIII. 月　【The Moon】	ネツァク ＝ マルクト
19	XIX. 太陽【The Sun】	ホド ＝ イエソド
20	XX. 永劫【The Aeon】	ホド ＝ マルクト
21	XXI. 宇宙【The Universe】	イエソド ＝ マルクト

■ スモールカード＆コートカード（小アルカナ）とセフィラの関連

小アルカナの数	セフィラの名前	セフィラの意味
エース（1）	ケテル	王冠
2＆ナイト（騎士）	コクマー	知恵
3＆クイーン（女王）	ビナー	理解
4	ケセド	慈悲
5	ゲブラー	正義
6＆プリンス（王子）	ティファレト	美
7	ネツァク	勝利
8	ホド	栄光
9	イエソド	基礎
10＆プリンセス（王女）	マルクト	王国

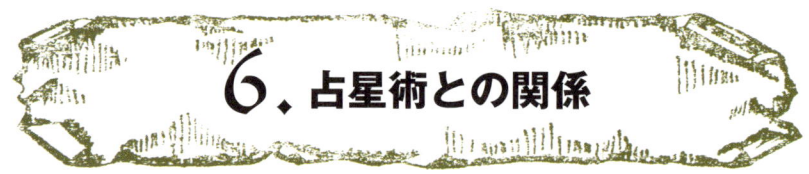

6. 占星術との関係

アテュと占星術の関連
小アルカナと占星術の関連

　アテュ（大アルカナ）とスモールカード（小アルカナ）ともに、それぞれのカードは占星術の惑星やサインと関連しています。ただし、コートカード（人物札）の王女だけは、占星術に対応していません。

■ アテュ（大アルカナ）と占星術の関連

	カード名	占星術
0	0.　愚者　【The Fool】	風のエレメント
1	I.　魔術師【The Magus】	水星
2	II.　女司祭【The Priestess】	月
3	III.　女帝　【The Empress】	金星
4	IV.　皇帝　【The Emperor】	牡羊座
5	V.　神官　【The Hierophant】	牡牛座
6	VI.　恋人　【The Lovers】	双子座
7	VII.　戦車　【The Chariot】	蟹座
8	VIII.　調整　【Adjustment】	天秤座
9	IX.　隠者　【The Hermit】	乙女座
10	X.　運命　【Fortune】	木星

11	XI.	欲望【Lust】	獅子座
12	XII.	吊るされた男【The Hanged Man】	水のエレメント
13	XIII.	死神【Death】	蠍座
14	XIV.	技　【Art】	射手座
15	XV.	悪魔【The Devil】	山羊座
16	XVI.	塔　【The Tower】	火星
17	XVII.	星　【The Star】	水瓶座
18	XVIII.	月　【The Moon】	魚座
19	XIX.	太陽【The Sun】	太陽
20	XX.	永劫【The Aeon】	火のエレメント
21	XXI.	宇宙【The Universe】	土星

コートカード	占星術（サインと惑星）
ワンドの騎士	蠍座20度〜射手座20度
ワンドの女王	魚座20度〜牡羊座20度
ワンドの王子	蟹座20度〜獅子座20度
ワンドの王女	占星術の対応なし。アジアの天空

カップの騎士	水瓶座20度〜魚座20度
カップの女王	双子座20度〜蟹座20度
カップの王子	天秤座20度〜蠍座20度
カップの王女	占星術の対応なし。太平洋の天空

ソードの騎士	牡牛座20度〜双子座20度
ソードの女王	乙女座20度〜天秤座20度
ソードの王子	山羊座20度〜水瓶座20度
ソードの王女	占星術の対応なし。南北アメリカの天空

ディスクの騎士	獅子座20度〜乙女座20度
ディスクの女王	射手座20度〜山羊座20度
ディスクの王子	牡羊座20度〜牡牛座20度
ディスクの王女	占星術の対応なし。ヨーロッパとアフリカの天空

■ スモールカード（小アルカナ）と占星術の関連

小アルカナの数	タイトル	占星術（サインと惑星）
ワンドのエース（1）	―	火のサイン（牡羊座、獅子座、射手座）
ワンドの2	支配	牡羊座の火星
ワンドの3	美徳	牡羊座の太陽
ワンドの4	完成	牡羊座の金星
ワンドの5	闘争	獅子座の土星
ワンドの6	勝利	獅子座の木星
ワンドの7	勇気	獅子座の火星
ワンドの8	迅速	射手座の水星
ワンドの9	剛毅	射手座の月
ワンドの10	抑圧	射手座の土星

カップのエース(1)	—	水のサイン (蟹座、蠍座、魚座)
カップの2	愛	蟹座の金星
カップの3	豊潤	蟹座の水星
カップの4	贅沢	蟹座の月
カップの5	失望	蠍座の火星
カップの6	快楽	蠍座の太陽
カップの7	堕落	蠍座の金星
カップの8	怠惰	魚座の土星
カップの9	幸福	魚座の木星
カップの10	飽満	魚座の火星

ソードのエース(1)	—	風のサイン (双子座、天秤座、水瓶座)
ソードの2	平和	天秤座の月
ソードの3	悲しみ	天秤座の土星
ソードの4	休戦	天秤座の木星
ソードの5	敗北	水瓶座の金星
ソードの6	科学	水瓶座の水星
ソードの7	無益	水瓶座の月
ソードの8	干渉	双子座の木星
ソードの9	残酷	双子座の火星
ソードの10	破滅	双子座の太陽

ディスクのエース(1)	—	地のサイン (牡牛座、乙女座、山羊座)
ディスクの2	変化	山羊座の木星
ディスクの3	作業	山羊座の火星

ディスクの4	力	山羊座の太陽
ディスクの5	心配	牡牛座の水星
ディスクの6	成功	牡牛座の月
ディスクの7	失敗	牡牛座の土星
ディスクの8	用心	乙女座の太陽
ディスクの9	獲得	乙女座の金星
ディスクの10	富	乙女座の水星

第3章
カード解説

 0　愚　者　【The Fool】フール

Keyword キーワード ～ 自由 ～

ヘブライ文字：
Aleph（アレフ）「雄牛」

占星術：
風のエレメント

生命の樹：
ケテル＝コクマー

今日の運勢

今日はオープンな気分で過ごせそう。思い込みを捨てて、何事も深刻に考えないようにしましょう。イヤなことや苦手なことにも、好奇心を持って取り組んでみて。自由に心を開放すれば、イキイキと楽しい1日を過ごせるはず。仕事や勉強は、全く違う方法を試してみましょう。プライベートは、思い切り羽を伸ばして楽しんで！

Theme
無限の可能性

0

　愚者は「自由」を表すカードです。ゼロは「無」ではなく「無限の可能性」を表します。のんきで気楽な彼は無重力の状態で浮かんでいて、地に足が着いていません。衣の緑は生命力の象徴。肌の黄色は大地を豊かにする太陽の色です。豊穣と陶酔のシンボルであるブドウは、愚者がディオニュソス（ギリシア神話の酒の神）であり、バッカス（ローマ神話の酒の神）であることを表しています。右手の聖杯は占星術の水のエレメント、左手のたいまつは火のエレメントに対応し、相反するものの融合を表します。

　愚者の心臓から伸びたへその緒は、らせん状に彼を取り巻いています。ハート形の輪は高レベルの魂を示し、聖なる魂のシンボルであるヴィーナスの鳩は、ワシ、蝶、羽の生えた球体とともに、生と死のサイクルが変化することを表しています。

　情熱と欲望を表す虎が愚者の足にじゃれついていますが、無欲な愚者は全く気にしていません。ワニは生と死、創造と破壊のシンボルです。

全体	自由、新しい始まり、未知の世界へ旅立つ、自由奔放、大胆
仕事	無職、自由業、未経験の仕事に就く、新しい仕事を始める、知識不足、経験不足、実現不可能な計画、無責任
恋愛	独り身を楽しむ、気軽にデートに誘う、束縛しない自由な関係、友達以上恋人未満、恋人候補をひとりに絞れない、お試しで交際する
勉強	好きなことを学ぶ、新しい分野の勉強を始める、新しい学習方法を試す、独学、三日坊主、役に立たない知識
健康	丈夫な体、ストレスがない、不摂生、暴飲暴食
お金	自由にお金を使う、ルーズな金銭感覚、金欠
人間関係	気楽な関係、束縛しない間柄、しがらみから自由になる、一匹狼
人物の特徴	自由奔放な人、ピュアな人、若い人、幼稚な人、ワガママな人
アドバイス	楽しみながら、新しいことに挑戦しよう
注意点	羽目を外さないように

Ⅰ 魔術師 【The Magus(メイガス)】

Keyword キーワード ～コミュニケーション～

ヘブライ文字：
Beth（ベス）「家」

占星術：
水 星

生命の樹：
ケテル＝ビナー

今日の運勢

「もし私じゃなければ、誰がやる?」「今じゃなければ、いつやる?」それが今日の開運ワードです。今日のあなたには、目標を達成するための自信と集中力が備わっています。周りの人達とのコミュニケーションを大切にし、情報収集と準備をしっかりして挑みましょう。そうすれば、困難なことでも簡単に乗り越えることができるはず。

Theme
高次の知覚を得て、すべてのことを認識する

I

　このカードは知性とコミュニケーション能力を表しています。魔術師はローマ神話の神メルクリウス（ギリシア神話の神ヘルメス）です。彼の背後にあるカドゥケウスの杖はヘルメスの翼の杖。羽の生えた太陽とからみつく蛇は知力の象徴です。

　ワンド（棒）、カップ（杯）、ソード（剣）、ディスク（円盤）で軽快にジャグリングをする魔術師の姿は、現実に対する具体的なアプローチを示しています。この4つの道具は占星術の4エレメントと対応し、ワンド（棒）は火、カップ（杯）は水、ソード（剣）は風、ディスク（円盤）は地です。また、羽の生えた卵は上の4つに次ぐ5番目のエレメントで、物質の本質を表します。魔術師の頭上に浮かぶ尖筆とパピルス紙は、印刷技術が発明される前の筆記用具で、科学のシンボルです。

　猿の神ハヌマーンは言葉をゆがめて伝える者で、魔術師を脅迫しています。これは「明言には誤解が含まれる」という忠告を表しています。

全体	コミュニケーション、入門、活動、決心、意志、集中力、生命力、熟練、自覚、主張、腕がいい、狡猾な
仕事	資格を生かして働く、独立・起業する、プロの技を発揮する、プレゼン能力を磨く、サムライ業（○○士、○○師）、文筆業、営業職、サービス業、仕事でズルい手を使う、うまい儲け話にダマされる
恋愛	好きな人と会話が弾む、連絡先を聞く、デートに誘う、積極的にアプローチする、恋人候補の中からベストな人を選ぶ、しつこく言い寄られる、憧れだけで終わる、二股をかける、恋人に嘘をつく
勉強	合格する、専門学校に通う、得意科目を作る、計画的に勉強する、勉強不足で試験に挑む
健康	健康管理をしっかりする、栄養バランスの良い食事、腕の良い医師にかかる、健康診断を受ける
お金	賢くお金を使う、しっかり稼ぐ、資産運用、分散投資
人間関係	意気投合する、刺激し合う、仕事・勉強仲間
人物の特徴	若い男性、イキイキとしている人、自分の意見をハッキリ言う人、専門家
アドバイス	自分の力を信じよう
注意点	失言に気をつけよう

Ⅱ 女司祭 【The Priestess (プリーステス)】

Keyword キーワード ～ 直観 ～

ヘブライ文字：
Gimel（ギメル）「らくだ」

占星術：
月

生命の樹：
ケテル＝ティファレト

今日の運勢

今日は何も期待や予測をせず、物事が起こるままにしておきましょう。その代わり、直感が告げるメッセージに細心の注意を払い、内なる衝動に従ってみて。あなたの心の声が「動け」と告げたときだけ、行動するようにしましょう。そうすれば、ありふれた1日が刺激的な1日に変わり、満たされた気分で過ごせるでしょう。

Theme
魂を揺さぶられるような体験をする

Ⅱ

　このカードは月を象徴しています。女司祭はギリシア神話の月の女神アルテミスで、エジプト神話の女神イシスに相当します。イシスは永遠の処女であり、女司祭は光のベールをかぶった女性の姿として描かれています。隠された知識や秘密の知恵、無意識の世界を表しています。

　彼女のひざの上に置かれたアルテミスの弓は武器であると同時に、弦楽器でもあります。芸術的な才能の象徴ですが、女司祭が音楽を奏でて獲物を魅惑し、狩りをすることから、魔力や誘惑という意味もあります。

　三日月の形をした光の王冠は上に向かって開き、女司祭の受容性と理解力を表しています。女司祭は直感と霊感に優れており、真実を見抜く力があるのです。

　女司祭の目の前のレミニスカート（∞）は永遠を表すマークです。これは、彼女が永遠のものを見つめている様子を表しています。カードの前面にある花、果物、クリスタル、らくだは生命の始まりを示し、豊穣のシンボルでもあります。

全体	直観、知恵、秘密、幻想、導き、希望、女の直感、心の声、夢、魂、無意識の世界、スピリチュアルな体験
仕事	インスピレーションを生かす仕事（アーティスト、ミュージシャン、セラピストなど）、憧れの仕事に就く、天職を見つける、仕事のアイデアがひらめく
恋愛	運命の人に出会う、深い愛情、信頼できるパートナー、恋人と心が通じ合う、相手の本心に気付く、浮気がバレる、恋愛経験が浅い、ムードに流される
勉強	試験のヤマが当たる、将来役立つ勉強をする、芸術を学ぶ
健康	メンタルヘルス、頭痛、ストレス、レントゲンやエコーの検査を受ける
お金	勉強に投資する、貯金が増える、おごってもらう、衝動買いして失敗する
人間関係	ツーカーの仲、以心伝心、ソウルメイト
人物の特徴	クールな女性、ミステリアスな人、霊感がある人、女性の上司や先輩、女教師、アーティスト
アドバイス	心の声を信じよう
注意点	奇跡が起こるのを待ち続けないで

Ⅲ 女 帝 【The Empress（エンプレス）】

Keyword キーワード ～ はぐくむ ～

ヘブライ文字：
Daleth（ダレス）「扉」

占星術：
金　星

生命の樹：
コクマー＝ビナー

今日の運勢

イキイキと過ごせる1日です。自然の中でのんびり過ごすと、リラックスして豊かな想像力を発揮できそう。興味のアンテナをグングン伸ばしましょう。直感的にあなたが「正しい」と思うことをすれば、すべてがスムーズに動き出します。また、今日新しく始めることは、発展する兆しがあります。停滞していることも再び動き出すでしょう。

Theme
永遠に続く生と死のサイクル

女帝はピンクとグリーンのドレスに身を包み、月と十字架を携えています。彼女は大地を支配する者で、その姿は母なる大地を象徴しています。ベルトの黄道十二宮は四季を司り、青い炎の王座は命が生まれる原始の水です。

彼女の右手は、赤ちゃんを抱いているように曲がっています。これは、豊饒（ほうじょう）の女神イシスが子供のホルスに母乳を与えているジェスチャーです。女帝のポーズは、体と腕が錬金術の「塩」のマークの形になっています。女帝は妊娠していて、彼女の赤ちゃんは羊水という塩の海を幸せに漂っています。右手のハスの笏（しゃく）は女性らしい創造力と生命力、開かれた左手は受容と献身を、それぞれ表しています。

ヴィーナスの鳩は平和、子持ちの白いペリカンは母性愛の象徴です。盾に描かれた月をくわえる白い鷲は、女性らしい意識を表しています。錬金術で白い色は「銀」を表し、「Ⅳ 皇帝」のカードに描かれた赤い鷲が「金」を示しているのと対照的です。

全体	はぐくむ、成長、創造、リニューアル、妊娠、誕生、養育、母性
仕事	保育士、介護士、先生、福祉関係の仕事、クリエイティブな仕事、成長と発展のチャンス、業界のトレンドをつかむ、新しい企画を温める、新人の教育係になる
恋愛	カップル誕生、ラブラブになる、パートナーに甘える、深い信頼で結ばれる、将来を約束する、家族になる、妊娠する、復縁する、肉欲にふける、恋人に依存する
勉強	恩師に恵まれる、豊富な知識を吸収する、勉強・研究の成果が出る
健康	妊娠、産婦人科を受診する、肥満、ダイエットに失敗する
お金	裕福、収入アップ、寄付する、おごる、お金にルーズになる、どんぶり勘定
人間関係	心の交流、助け合う関係、幼なじみ、グルメ仲間、ママ友達
人物の特徴	母親、心の広い人、包容力のある人、人生の先輩、アドバイザー
アドバイス	成長を信じて、変化を受け入れよう
注意点	チャンスを逃さないで

IV 皇 帝 【The Emperor（エンペラー）】

Keyword キーワード ～ 安定 ～

ヘブライ文字：
Tzaddi（ツァダイ）「釣り針」

占星術：
牡羊座

生命の樹：
ネツァク＝イエソド

今日の運勢

充実した活動をしたい1日です。今日のあなたは十分なエネルギーに満ちあふれているので、やるべきことや、長い間やってみたかったことなどに、思い切ってトライしてみましょう。特に仕事運が好調。技術と能力を発揮して、依頼や期待に応えることができるはず。不明瞭なことをクリアにし、未解決の仕事をやり遂げましょう。

Theme
現実的な考え方をする

IV

　このカードは、現実的な感覚とパワーを表しています。全体的に赤い色合いで、赤は錬金術では「金」を表します。「Ⅲ 女帝」のカードに描かれた白鷲が「銀」を表すのと対照的です。赤い二羽の鷲がついた盾は、男性的な意識の象徴です。

　皇帝のポーズ（組まれた脚＝十字形、上半身＝三角形）は錬金術の「硫黄」のマークの形になっており、男性的で積極的なエネルギーを象徴しています。

　王座の柱頭はヒマラヤの野生の雄羊の頭の形です。雄羊は占星術の牡羊座と関連し、皇帝のリーダーシップを表しています。ダイヤモンドのついた王冠は意志と力の顕現、衣に刺しゅうされた金色の蜂は不断の努力と王の威厳の象徴です。

　右手の羊の頭がついた笏は、パワフルで積極的な意志と勇気のシンボル。左手のマルタ十字架がついた宝珠は、平和と安全の前提条件である法律と秩序を示しています。足元に寝そべる子羊は勝利の旗を持ち、謙虚になることで勝つことを暗示しています。

全体	安定、現実的、責任、主導、安心、継続、強いリーダーシップ、正当性、実利的、鍛練、忍耐、完璧主義
仕事	大企業に勤める、出世する、同じ会社で長く働く、しっかりした組織、計画を実行する、明確なコンセプトを持って働く、部下を指導する
恋愛	安心して付き合う、年上の男性と交際する、長い付き合い、恋人にワガママを言う、マンネリな関係
勉強	勉強の環境が整う、目標を達成する、プレッシャーに負ける
健康	心身共に健康、有名な大病院に通う、体力を過信する、肩こりや腰痛に悩む
お金	裕福、安定した収入がある、不動産収入がある、定期預金をする、世帯主になる
人間関係	長い付き合い、安定した関係、強い信頼関係、主従関係
人物の特徴	大人の男性、堂々としている人、器が大きい人、父親、男性の上司、リーダー、権力者、肩書きは立派でも中身が伴わない人
アドバイス	継続的かつ現実的な計画を立てよう
注意点	極端な完璧主義にとらわれて、頑固になりすぎないように

Ⅴ 神官 【The Hierophant】
ハイエロファント

Keyword キーワード ～ 信念 ～

ヘブライ文字：
Vau（ヴァウ）「釘」

占星術：
牡牛座

生命の樹：
コクマー＝ケセド

今日の運勢

「信じる気持ち」を大切にしましょう。あなたにとって本当に価値のある活動をし、充実した経験をするチャンスです。つまらないことにこだわったり、意味のない言葉に耳を傾けないで。外見に惑わされず、そこに隠された潜在的な価値を見るようにしましょう。迷ったときは良心に従って。後悔しないような決断を下しましょう。

Theme
物事の深い意味を知る

V

　神官のカードは信念と知恵を表します。対応するヘブライ文字はヴァウ（釘）で、カードの上部に窓を支える9本の釘が描かれています。頭上の蛇は変容、鳩は聖なる啓蒙の象徴で、雄牛と象の聖座は占星術の牡牛座との関連を示します。

　神官は、エジプト神話の豊穣と再生の神オシリスです。彼は今がキリスト教など一神教の期間である「オシリスの永劫（アイオーン）」だということを示しています。剣を持つ女性は「緋色の女」（クロウリーのテレマ思想に登場する女神）で、二千年前のイシスの時代（多神教の時代）を示しています。小さな五芒星（ごぼうせい）の中で踊る子供は童神ホルスで、「ホルスの永劫（アイオーン）」と呼ばれる新しい時代の始まりを示しています。

　神官が手にしている3つの輪がついた笏は、過去、現在、未来の結合を示します。六芒星（ろくぼうせい）は宇宙の象徴で、3つの五芒星は宇宙の秩序と人間の融和を表しています。四隅にいるケルビムの四聖獣は神聖な祭壇の守護役で、その仮面のような顔は、古い時代の儀式が効力を失ったことを暗示しています。

全体	信念、信頼、真実の探求、確信、良心、視野の拡大、セルフチェック
仕事	弁護士、行政書士、司法書士、インストラクター、法律や教育関連の仕事、人に仕事を教える、高度な技術の習得、コンプライアンス
恋愛	真面目な交際、尊敬できるパートナー、お見合い、プロポーズ、結婚
勉強	専門書を読みふける、自分の能力を信じる、遅れた知識、ガリ勉
健康	節制する、健康診断を受ける、規則正しい生活をする
お金	慎重にお金を使う、しっかり貯金する、ケチ
人間関係	信頼感で結ばれた間柄、師弟関係、尊敬しあう仲
人物の特徴	知識の豊富な人、真面目な人、先生、アドバイザー
アドバイス	真面目で良識のある行動をしよう
注意点	ごう慢な態度を取らないように

VI 恋 人 【The Lovers ラバーズ】

Keyword キーワード ～調和～

ヘブライ文字:
Zain（ザイン）「剣」

占星術:
双子座

生命の樹:
ビナー＝ティファレト

今日の運勢

決断力がアップする日。イライラした気分を解き放ち、心の声に耳を傾けてみて。穏やかさを取り戻し、落ち着いた気分になるでしょう。また、今日は公私共に、大事な決定をするのに良いタイミングです。違和感や矛盾点をどうやって克服するか考えてみて。壊れたものがあるのなら、その破片を集めて修復しましょう。

Theme
お互いに支え合っているということに気付く

　恋人のカードでは、キングとクイーンが手に手を取り合い、結婚の合意をしています。これは、正反対の者が調和することを表しています。目隠しされたキューピッドが矢を射り、調和への憧れを体現しています。

　中央のマントをかぶった紫色の人影は「I 魔術師」「IX 隠者」と同じ人物です。手を広げて、結婚する黒のキングと白のクイーンを祝福しています。

　黒のキングは、男性の力の象徴です。錬金術で「金」を表す赤い王冠をかぶり、火のシンボルである赤いライオンを携えています。聖なる槍は、征服と生殖力を示しています。

　白のクイーンは、女性の力の象徴です。錬金術で「銀」を表す白の王冠をかぶり、水のシンボルである白い鷲を携えています。聖杯は献身と開放を示しています。

　こん棒を持つ黒い子供は男性性、バラの花束を持つ白い子どもは女性性の象徴です。カードの両側に描かれた女性の姿はリリスとイブで、女性らしさの光と影を表しています。

全体	調和、融合、愛、思いやり、決意、ギャップを乗り越える
仕事	やりがいのある仕事、異業種交流、仕事仲間と協力する、折衷案を出す、コラボレーションによる商品開発、会社の合併、契約を結ぶ
恋愛	幸福な恋愛、結婚、理想的なパートナーを見つける、温かい関係を築く、関係を解消する、納得して別れる
勉強	勉強仲間と教え合う、詳しい人に質問する、ライバルと競い合う
健康	心身のバランスが取れている、総合病院へ行く、合併症
お金	収入に見合う生活をする、夫婦で財布を一緒にする、銀行口座を1つにまとめる、どんぶり勘定
人間関係	友達関係、タイプの違う人と付き合う、異業種の人と交流する
人物の特徴	文武両道な人、頼りがいのある人、懐が広い人
アドバイス	チームワークを大切にしよう
注意点	「スタート」を「ゴール」だと思いこまないように

Ⅶ 戦　車　【The Chariot】
チャリオット

Keyword キーワード　～　目標達成　～

ヘブライ文字：
Cheth（ケス）「柵」

占星術：
蟹　座

生命の樹：
ビナー＝ゲブラー

今日の運勢

今日は新しいことが始まるスタートの日です。今まで保留にしていたことがあるなら、これ以上待つ必要はありません。目の前で起こっていることに興味を持ち、よく観察しながら、目標に照準を合わせましょう。いったん始めるとノンストップで進んでいくので、大事なことを見落としていないか、事前によく確認しましょう。

Theme
自分に試練を課す

VII

　金の甲冑をつけた戦車の御者が瞑想にふける格好をしています。これは目標の達成に向けて、精神を集中させている様子を示しています。

　ヘルメットの装飾の蟹は、このカードが占星術の蟹座と関連していることを示唆しています。御者が捧げ持つグラールの聖杯は、満足の探求を表しています。そして、聖杯の中で光りを放つ血は、精神力と生命力の象徴です。

　赤い戦車の車輪は意志の力のシンボルで、目標達成に向けて今すぐ行動する心の準備が整っている状態を表しています。4つの支柱に支えられた青い天蓋は、地球という支柱が天を支えている様子を、背景の光と同心円は、永遠に動き続ける宇宙の力強さを表しています。

　ケルビムの四聖獣は、胴体が入れ替わっています。それによって4エレメント（火、地、風、水）が男性宮と女性宮に分割され、16のサブエレメントができます。これはエネルギーの交換を表しています。

全体	目標達成、冒険、勇敢、タフ、ゴールを目指す、旅立ち、意志、ポジティブ
仕事	転職、独立、未経験の仕事をする、新しいプロジェクトに携わる、野心を持つ、目的を持って働く、進んでリスクを取る、キャリアアップ
恋愛	積極的なアプローチ、思い切って告白する、初めてのタイプの人と付き合う、出会ってすぐに深い関係になる
勉強	志望校を決める、勉強のライバルを作る、夢を実現するために勉強する、モチベーションを高める
健康	スポーツをする、体を鍛える、目標体重を決めてダイエットする
お金	計画的に貯金する、狙っていたアイテムを買う、自分に投資する
人間関係	切磋琢磨する、同じ志を持つ仲間、チームメイト
人物の特徴	元気な若い男性、血気盛んな人、スポーツマン、リーダー
アドバイス	目的意識を持って取り組もう
注意点	目標を設定しただけで満足しないように

VIII 調 整 【Adjustment】
アジャストメント

Keyword キーワード ～ バランス ～

ヘブライ文字：
Lamed（ラメド）「鞭」

占星術：
天秤座

生命の樹：
ゲブラー＝ティファレト

今日の運勢

今日は頭をクリアにしましょう。何事にも公平な態度で向き合い、フェアプレーを心がけて。そして、あなたの行動がどのような影響を及ぼすのか、よく考えてみましょう。あらゆる角度からじっくり検討して動けば、その結果に満足できるはず。逆に、なんだかソワソワするなら、それは自分に嘘をついている証拠。素直な気持ちを大切に。

Theme
すべての出来事は関連し合っている

VIII

　このカードは正義と均衡を表しています。爪先立ちの女性はエジプトの正義の女神マアトです。ダチョウの羽がついた王冠は神聖な正義のシンボルです。

　また、この女神は「満足している女性」を表していて、その状態は天秤によって象徴されています。彼女は天秤で宇宙を量っており、そこではA（アルファ・ギリシア文字の最初の文字）とΩ（オメガ・ギリシア文字の最後の文字）が見事にバランスを保っています。これは、正反対のものが調和している様子を表しています。

　女神のマスクは集中力のシンボルで、青と緑の色使いは知恵と瞑想を表しています。彼女が持つ三日月の柄頭付きの剣は、直感的な洞察力の象徴です。4つの尖ったピラミッドと8つの球からなる王座は、丸（女性性）と直線（男性性）のバランスを、カードの四隅にある光線を放つ円は光と影のバランスを、それぞれ表しています。

全体	バランス、正義、客観的、明白、制御、カルマ、冷静な判断、責任、批判、自己満足、独善的
仕事	税務・管理関係の仕事（裁判官、税理士、会計士など）、安全を守る仕事（警察官、消防士など）、収支と貸借のバランスが取れている、公正な契約を結ぶ、オンとオフのメリハリをつける
恋愛	きちんと告白して交際する、愛し合う、2人の恋人候補を天秤にかける、恋人に尽くす、報われない愛情、依存し合う、愛情がなくなる
勉強	すべての科目を満遍なく勉強する、実力に見合う学校を受験する、勉強の目標をハッキリさせる
健康	心身共に健康、栄養バランスの良い食事をする
お金	収支のバランスを取る、稼いだ分だけ使う、浪費、ケチ
人間関係	ビジネスライクな関係、利害のある関係
人物の特徴	正義感の強い人、良識のある人、真面目な人、厳しい女性の上司や先輩、自分勝手な人
アドバイス	物事に関心を持ち、シビアな目で観察しよう
注意点	考え過ぎて動けなくならないように

IX 隠者 【The Hermit (ハーミット)】

Keyword キーワード ～ 洞察 ～

ヘブライ文字：
Yod（ヨッド）「手」

占星術：
乙女座

生命の樹：
ケセド＝ティファレト

今日の運勢

今日は「あなたのための日」です。ひとりで過ごす時間を作って、マイペースで過ごすと吉。今日中にやるべきことがあるなら、慎重に取り組みましょう。重要な決定をする際は、納得できる方法が見つかるまで待って。瞑想をしたり、散歩をしたり、きれいな景色を眺めたり……焦らず機が熟すのを待てば、条件が整うはずです。

Theme
己を知り、自分のために立ち上がる

IX

　このカードはヘブライ語のヨッドに対応しています。ヨッドは他のヘブライ語アルファベットの基礎になる文字で、生命の創造者のシンボルです。

　曲がった姿勢の隠者は背を向け、静かに自分の内面を見つめています。隠者の赤いコートは強さと勇気、白い髪は円熟した知恵を象徴しています。

　彼が手にしたランプはクリスタルの形をしていて、その中では太陽がキラキラ輝いています。これは魂の解放と啓蒙を表しています。

　背景の小麦畑は、イキイキとした自然の創造力の象徴です。このカードが対応する乙女座が司る、農耕と肥沃（ひよく）な大地との関連を表しています。蛇がからまるオルフェウスの卵とカードの左下から飛び出す精子は、すべての生命の起源と創造の神秘を象徴しています。右下にいるケルベロスはギリシア神話における冥界の番犬で、自分の心の奥深くを探求することを暗示しています。

全体	洞察、本質を見極める、自分の立場をハッキリさせる、隠遁、隠居、閉じこもる、豊富な人生経験
仕事	研究者、職人、作家、芸術家、ひとりで仕事する、独立する、企画をじっくり練る、水面下で計画を進める、引退する、経験を伝える
恋愛	長年恋人がいない、独身、真剣な恋愛、マンネリからくる妥協、恋人と一時的に距離を置く、独り身でいる選択をする
勉強	独学、専門書を読みふける、哲学や心理学を学ぶ、論文を書く
健康	神経衰弱、食欲不振、うつ
お金	コツコツ貯金する、たんす貯金、ヘソクリを貯める
人間関係	人との交流がない、集団の中の孤独、理解者がいない状態
人物の特徴	物静かな人、老人、学者肌の人、偏屈な人、世捨て人
アドバイス	真剣に物事と向き合い、心を成熟させよう
注意点	自分の殻に閉じこもらないで

X 運命 【fortune】フォーチュン

Keyword キーワード 〜 運命 〜

ヘブライ文字：
Kaph（カフ）「手の平」

占星術：
木　星

生命の樹：
ケセド＝ネツァク

今日の運勢

今日は避けることのできない状況や出来事に直面しそう。ただし、何が起こっても、それに逆らうべきではありません。なぜそんなことが起こるのか意味がわからなくても、慌てないこと。それはトラブルではなくチャンスだったのだと、後から気付くはずです。今日あなたが体験する出来事は、最終的に幸運な結果となるでしょう。

Theme
大きな変化に身をゆだねる

X

　天の車輪は永遠に続く宇宙のサイクルと、過去、現在、未来を表しています。紫色の背景は神の権威、黄色の矢は希望、稲妻は破壊力の象徴です。
　車輪の上の3つの像はエジプトの神々で、上には剣を持つスフィンクス、左側には猿の姿のヘルマニュビス、下にはワニの頭を持つ破壊の神テュフォンが描かれています。テュフォンは生命の印アンク（輪付き十字架）とエジプトの王権の象徴ヘカ（家畜を追うための杖）を持って吹き荒れる台風に立ち向かい、破滅的な力を発揮しています。
　また、この3つはヒンドゥー哲学の3種類のグナ（エネルギーの状態）に対応しています。スフィンクスはバランスが取れた状態（サットヴァ）を、ヘルマニュビスは不安定な状態（ラジャス）を、テュフォンは怠惰で無知な状態（タマス）を、それぞれ表しています。さらに、この3つは錬金術の基本要素を示し、スフィンクスは硫黄、ヘルマニュビスは水銀、テュフォンは塩に対応しています。

全体	運命、幸運、運命的な出来事、変化、パワフル、影響力がある
仕事	新しい仕事をする、転職を繰り返す、変化の多い職場、天職を見つける、ライフワーク、企画がスムーズに通る、トントン拍子で出世する、タイミングの悪い転職、仕事のチャンスを逃す
恋愛	運命的な出会い、出会ってすぐに交際する、自分の恋愛パターンを理解する、スピード結婚、恋人を次々に変える、できちゃった結婚
勉強	合格する、勉強がはかどる、邪魔が入る、スランプに陥る
健康	新陳代謝が活発になる、血の巡りが良くなる、便秘が治る、なかなか治らない病気
お金	お金の出入りが激しい、家計がうまく回る、スムーズな資産運用、懸賞やクジが当たる
人間関係	意気投合する、話が弾む、協力者が現れる、運命共同体
人物の特徴	ラッキーな人、フットワークの軽い人、タイミングが良い人
アドバイス	明るい未来を切り開こう
注意点	自然の流れに逆らわないで

XI 欲望 【Lust】ラスト

Keyword キーワード ～ 情欲 ～

ヘブライ文字：
Theth（テス）「蛇」

占星術：
獅子座

生命の樹：
ケセド＝ゲブラー

今日の運勢

ワイルドな1日です。今日のあなたはエネルギーに満ちあふれ、心の中が愛情と喜びでいっぱいになるでしょう。テンションも最高潮で、ビックリするほどパワフルに活動できそう。大騒ぎした後は、そのパワーをクリエイティブな方向に転換しましょう。あなたの実力と魅力を発揮すれば、難しい局面もスムーズに乗り越えることができるはず。

Theme
内なる野獣と向き合い、愛を持って手なずける

XI

　クロウリーの提唱したセレマ思想の真髄である「汝の意志することを為せ」を具現化したカードです。うっとりした表情で獣にまたがる裸の女性は、新約聖書『ヨハネの黙示録』に登場する「バビロンの大淫婦」です。クロウリーは彼女を「緋色の女（ベイバロン）」と呼びました。彼女は革ひもを握り、獣を統率しようと情熱を燃やしています。右手には、燃えさかる聖杯を掲げています。彼女は欲望に身を任せて性的な快楽を楽しみ、恍惚状態に浸っています。

　獣には7つの頭があり、それらは天使、聖人、詩人、姦婦、戦士、好色家、ライオンの頭を持つ蛇を表します。野生的で本能的なパワーの象徴です。また、この獣は『ヨハネの黙示録』に登場する「野獣666」と関連しています。クロウリーは自ら「マスター・セリオン（獣の王）」と名乗り、この野獣を自分自身だと述べています。

　背景には血の気のない聖人の顔が浮かんでいます。これは、淘汰された古い道徳的価値観を表しています。

全体	情欲、勇気、活気、バイタリティ、人生を楽しむ、強さ、情熱、大胆不敵
仕事	働く意欲、積極的に仕事に取り組む、野心を持って働く、進んでリスクを取る、ライバルを陥れる
恋愛	魅惑される、情熱的な恋愛、パワフルな恋人、肉欲にふける、体だけの関係、恋人に依存する、不倫、浮気
勉強	勉強に没頭する、夢中になって研究する、誘惑が多くて勉強が手につかない
健康	暴飲暴食、高血圧、依存症、ヘビースモーカー、アルコール中毒
お金	欲しい物を自由に買う、おごってもらう、浪費する
人間関係	篤い友情、悪友、打算で付き合う、相手を利用する
人物の特徴	魅力的な人、大胆な人、ワイルドな人、カリスマ性がある人、セクシーな女性、すぐカッとする人、トラブルメーカー
アドバイス	何事にも情熱を持って取り組もう
注意点	快楽に溺れて、大事なことをおろそかにしないように

XII 吊るされた男【The Hanged Man】(ハングドマン)

Keyword キーワード ～ 忍耐 ～

ヘブライ文字：
Mem（メム）「水」

占星術：
水のエレメント

生命の樹：
ゲブラー＝ホド

今日の運勢

今日はあなたの忍耐力が試される1日です。停滞中のことが進展しないばかりか、想定外の部分で行き詰まることもありそう。ただし、離れ技を使って問題を解決しようとするのはNG。そんなことをしても状況が悪化するだけです。意識を変えて、全く違う角度から物事を見るようにすれば、解決の糸口が見つかるでしょう。

Theme
アプローチの方法を変えて解決策を見つける

XII

　逆さまに吊るされた裸の人は生贄(いけにえ)の姿で、もはや助けることができません。不可避な事態に直面し、生命の危機にさらされている状況を示しています。このカードは占星術の水のエレメントと対応し、幻想や錯覚という意味があります。犠牲は自然に反するものだということを伝えています。

　無表情な顔とハゲ頭は、自我が消失し、アイデンティティが危機にさらされている暗示です。組まれた脚（十字形）はこの世の現実性、腕のポーズ（三角形）は神性を象徴しています。天地が逆転した世界で、希望の光が消えていく様子を表しています。

　アンク（輪付き十字架）には蛇が巻き付き、下では大蛇がとぐろを巻いています。蛇は再生のシンボルで、ひん死の状態からよみがえる可能性があることを表しています。青い四角の鉄格子は、ワンパターンな人生の象徴です。一方、緑の背景は「希望の光」、緑の円盤は「救出」を表し、彼に助かる見込みがあることを示唆しています。

全体	忍耐、犠牲、ジレンマ、板ばさみ、パワー不足、行き止まり、人生の危機、強制終了
仕事	失業、職探しに苦労する、仕事に行き詰まる、計画が延期になる、未来がない会社、資金繰りに詰まる、サービス残業
恋愛	長い間恋人がいない、腐れ縁、マンネリな関係、復縁と別れを繰り返す、恋する自信を失う、仮面夫婦
勉強	本命ではない学校・学部に入学する、希望しない資格を取得させられる、研修合宿に参加する、缶詰になって勉強する
健康	なかなか治らない病気、再発の恐れがある病気、既往症(きおうしょう)
お金	貧乏、ワーキングプア、搾取される、貢がされる
人間関係	利用される、踏み台にされる、カモにされる、DVや虐待を受ける、理不尽な役割を押しつけられる
人物の特徴	がまん強い人、耐える人、いじめられっ子
アドバイス	諦めずに新しい方法を試してみよう
注意点	自分を犠牲にしないように

XIII 死 神 【Death(デス)】

Keyword キーワード ～ 再生 ～

ヘブライ文字：
Nun（ヌーン）「魚」

占星術：
蠍　座

生命の樹：
ティファレト＝ネツァク

今日の運勢

今日は何かが終わる日です。もし「それ」があなたにとって重要なことなら、終わらせるのに苦労するかもしれません。でも、あなたは今日こそ「それ」とサヨナラするべきです。そのままにしておいてはいけません。ようやく「それ」から解放されて自由の身になったとき、あなたはハッピーな気分になって、安心感で満たされるでしょう。

Theme
破壊を経て、再生の道を進む

　錬金術における「死」は「破滅」ではなく「変化」です。今あるものを壊すことで、新しいものを生み出す過程を表しています。

　このカードは占星術の蠍座と対応しています。伝説によると、蠍は追い込まれると自殺し、その後別の形に変容して生き続けると言われており、死と再生のシンボルとなっています。

　カードの中央では、死神が処刑のダンスを踊っています。骸骨（がいこつ）と大鎌はどちらも不吉なシンボルですが、骸骨が大鎌で人生の恐怖を断ち切っていると考えることもできます。

　死神の脚は門の形をしていて、淡い青色の泡と共に新しい命の始まりを表しています。死神がかぶっている冥界の王オシリスの王冠は死と再生のシンボルです。しおれたハスと百合の花は、腐食して形が変わり、新しい生命が生まれる様子を表現しています。

　カードの左下に描かれた魚と蛇は、復活と再生を表し、左上に描かれた鷲は、物質世界を乗り超え、高次の魂へと転生する様子を表しています。

全体	再生、復活、変化、終わり、恐怖、旅立ち、断念、無理強い
仕事	会社を辞める、引退する、キャリアチェンジ、会社が倒産する、リストラされる、仕事を投げ出す
恋愛	失恋、相手に興味を失う、関係が終わる、別れる、愛情がなくなる
勉強	志望校を変える、専門分野を変える、不合格
健康	悪い生活習慣を止める、手術を受ける、禁酒・禁煙・断食に失敗する
お金	貯金がゼロになる、借金を踏み倒す、自己破産
人間関係	絶交する、連絡を絶つ、新しい友達を作る
人物の特徴	怖い人、毒舌な人、暗い雰囲気の人
アドバイス	もう終わりにして、新しい道を進もう
注意点	未来のない道を選ばないで

XIV 技 【Art】アート

Keyword キーワード ～ 融合 ～

ヘブライ文字:
Samekh（サメク）「支柱」

占星術:
射手座

生命の樹:
ティファレト＝イエソド

今日の運勢

今日のあなたはラッキーです。面白いもの同士を混ぜ合わせて、新しいものを作ることができるでしょう。人々のまとめ役となって、問題の解決法を発見したり、素晴らしい発明をしたりすることだってできるかもしれません。なかなか打ち解けられない人がいたら、その緊張感を和らげて、深い関係を築けるように力を尽くしましょう。

Theme
相反するものを融合する

XIV

　中央の顔が2つある人物は錬金術師で、黒のキングと白のクイーンが合体した両性具有の人物です。女性性と男性性の融合を表しています。

　たくさん胸がある体は養育力を示しています。キングとクイーンの衣は「0愚者」と同じ緑色の衣で、生命力を表しています。

　白いクイーンの黒い手は火のたいまつを握り、黒いキングの白い手は水を大鎌に注いでいます。これは、相反するものを融合する錬金術の技です。

　また、このカードでは獅子が白色、鷲が赤色で描かれ、普通とは逆の状態になっています（「Ⅵ恋人」のカードでは、獅子が赤色、鷲が白色で描かれています）。

　骸骨とカラスが描かれた金色の大釜は、新しい命を生む過程として必要な腐敗（死）を表しています。大釜から立ち上がる矢と虹色の光は、覚醒した魂のシンボルです。

　弧を描く太陽には錬金術の標語である「大地の内部を訪れよ。汝、精溜（せいりゅう）により秘石を探し出すべし」を意味するラテン語の文字が刻まれています。

全体	融合、バランス、調和、リラックス、ギャップを乗り越える、癒やし
仕事	プロデューサー、まとめ役、協力者を得る、素晴らしいチームワーク、オンとオフのバランスを取る、会社の合併、ライバルを取り込む
恋愛	ベストパートナーと出会う、深い仲になる、趣味が合う、愛情が深まる、以心伝心、同棲する
勉強	弟子入りする、複数の先生に師事する、あらゆる解説書を読む
健康	複数の療法を試す、合併症、心身のバランスが取れている
お金	アイデアがお金になる、全財産をまとめる、利殖に成功する
人間関係	一心同体、何でもわかり合える間柄、ソウルメイト
人物の特徴	物知りな人、海外経験がある人、親友、兄弟姉妹
アドバイス	矛盾や困難を乗り越えることにベストを尽くそう
注意点	問題の深刻さを理解すること

XV 悪 魔 【The Devil(デビル)】

Keyword キーワード ～ 誘惑 ～

ヘブライ文字：
Ayin（アイン）「目」

占星術：
山羊座

生命の樹：
ティファレト＝ホド

今日の運勢

誘惑の多い1日です。誰かにそそのかされて、自分の信念に反することをしてしまうかも。もしくは、憎しみ、嫉妬、貪欲、権力への渇望といった黒い感情が目覚めて、自分の"ダークサイド"と向き合うこともあるでしょう。ただし、それを無視したり、他人のせいにしてはいけません。今日は、自分の嫌な一面とトコトン向き合ってみましょう。

Theme
自分の心の闇に直面する

XV

　カードの中央で笑う山羊は牧羊神パンで、自然界全体を司っています。結果を気にせず創造力を発揮する無茶な様子を表しています。

　山羊の額にある「第三の目」は直感的な本能を示しています。ハスの花冠は山羊が神だということを示すもので、渦巻きの形の角は、はるか高く、離れたところを目指す様子を示しています。

　山羊の背後では、男根のシンボルとして現れた「生命の樹」が天を貫いています。これは、自然の生殖力の生命力を象徴です。上部にある青い輪は、土星の輪でありセト（ロバの頭を持つエジプトの神）の輪です。睾丸の形をした透明の根は樹液で満たされています。その中では、4人の男性と女性の形をした精子があらゆる方向に動いています。

　カドゥケウスの杖（「Ⅰ魔術師」にも登場したヘルメスの翼の杖）は天と地の結びつきを表しています。また、背景にあるクモの巣のような灰色の物体は、地下世界に張り巡らされた罠です。混乱に陥る危険性を暗示しています。

全体	誘惑、堕落、影、節度がない、強欲、権力への執着、無意識の力
仕事	仕事でズルをする、ブラック企業、うさんくさい会社、搾取される、闇取引、水商売
恋愛	誘惑する、略奪愛、体だけの関係、恋人に貢ぐ、不倫、セックスアピールする、ふしだら、プレイボーイ・プレイガール
勉強	勉強をサボる、カンニングする、ズル休みする
健康	暴飲暴食、過度な飲酒や喫煙、寝不足、夜型の生活、治りにくい病気、中毒
お金	浪費、贅沢、あぶく銭、不正をして得たお金
人間関係	運命共同体、依存する、歪んだ主従関係、利用される
人物の特徴	ワガママな人、意地悪な人、ズルイ人、悪人、怪しい魅力を持つ人
アドバイス	暗闇の中で光を見つけよう
注意点	自然な欲求をガマンしないで

XVI 塔 【The Tower (タワー)】

Keyword キーワード 〜 解放 〜

ヘブライ文字：
Pe（ペー）「ㅁ」

占星術：
火星

生命の樹：
ネツァク＝ホド

今日の運勢

刺激的な1日。良くも悪くもビックリすることが起こりそう。「なるほど！」とひらめくこともあれば、邪魔が入って計画通りに進まないことも。ただ、もし今日挫折感を味わったとしても、落ち込む必要はありません。このカードには、凝り固まった物事を改革する力があります。後から振り返ると、それが取るに足らないことだとわかるでしょう。

Theme
古い固定観念を打ち破る

XVI

　このカードは占星術で「争い」を司る火星と関連し、「戦争」という別名があります。ヘブライ語では「口」を意味するPe(ペー)にあたります。カードの右下では「冥界の口」が炎を吐いており、時代遅れの古いものをすべて焼き尽くそうとしています。
　カードの最上部には、破壊力の象徴であるシヴァ神の光る目が描かれていて、単調な生活や組織が消滅した後の「解放」を示唆しています。
　暗い背景は、破壊による混沌状態と、災害や不幸に見舞われてお先真っ暗な状態を表しています。
　大きなドアと窓のある石の塔から、4つの人影が落下しています。彼らは塔の守護兵で、苦しい監禁状態から抜け出したのです。これは、魂が解放される様子を表しています。また、崩壊している壁は、物事が急激に変化することを示しています。
　左上のオリーブをくわえた羽のある鳩は、罪と罰からの救済のシンボルです。右上の後光を放つライオンは光と影の融合を表し、新しい希望を象徴しています。

全体	解放、争い、激変、ブレイクスルー、ショッキングな出来事
仕事	就職・転職に失敗する、未経験の仕事に就く、チームが解散する、計画が失敗する、会社が倒産する、排他的な会社
恋愛	衝撃的な恋の出会い、トラブルから恋が始まる、関係を清算する、突然の別れ、感情の爆発、駆け落ち、大ゲンカ、浮気が発覚する、離婚
勉強	突然理解する、不合格、勉強してきたことがムダになる
健康	大怪我、骨折、ヒステリー、一命を取りとめる
お金	貯金を使い果たす、破産、定期預金を解約する
人間関係	口論する、大ゲンカする、決別する、意地を張る
人物の特徴	乱暴者、すぐキレる人、偏屈な人、心の狭い人、エゴイスト、異端者
アドバイス	開き直って自分の心を解放しよう
注意点	突然の変化で、パニックに陥らないように

XVII 星 【The Star（スター）】

Keyword キーワード 〜 吉兆 〜

ヘブライ文字：
He（ヘー）「窓」

占星術：
水瓶座

生命の樹：
コクマー＝ティファレト

今日の運勢

素晴らしい1日になりそう！ 希望の星があなたにほほ笑んでいます。今日のあなたは直感が冴えているので、インスピレーションを大切にして、夢を思い描いてみましょう。もし何か新しいことをスタートするのなら、楽しくスムーズに進めることができるはず。たとえそれが長い道のりになるとしても、うまくいく明るい兆しがあります。

Theme
自分の心を深く見つめ、宇宙とつながる

XVII

　裸の青い女性はエジプト神話の天空の女神ヌイトです。夜になると太陽を飲み込み、朝になると太陽を産み落とすと言われています。彼女の長い髪は直感やインスピレーションを表すもので、宇宙と魂がつながっていることを象徴しています。明るい紫色のカードの色合いは、宇宙の叡智を表しています。

　真ん中にある大きな惑星は天球儀で、その中では7つのポイントを持つ星が輝いています。この星は金星で、愛の力のシンボルです。

　左上でらせん状の光を放って輝くのは「ベイバロンの星」。クロウリーは、「ヌイトはベイバロン（緋色の女）であり、聖なる娼婦である」と記しています。

　金と銀の聖杯は、天の水の源である太陽と月を表し、それは共に精神と魂を象徴するものです。金の聖杯から流れる水は浄化と生命のエネルギーで、水の中にある小さな青い星は大地の愛を示しています。バラは愛と豊潤、蝶は復活、透明なクリスタルは守護と癒やしの力を、それぞれ表してしています。

全体	吉兆、明るい展望、期待、希望、直感、信頼、調和
仕事	有望なキャリアをスタートする、憧れの会社で働く、面白い仕事のアイデアをひらめく、成功しそうなプロジェクト、経験を積む
恋愛	両想いの予感、希望に満ちあふれた恋愛、ワクワクするような恋愛、理想的な人と出会う、見初められる、将来を約束する
勉強	合格ラインに達する、目標を持って勉強する、芸術的な才能を伸ばす
健康	健康を維持する、体力がつく、病気が快方へ向かう
お金	収入アップ、クジに当たる、お金儲けのアイデアをひらめく
人間関係	刺激し合える関係、心が通じ合う関係
人物の特徴	カンの鋭い人、優しい人、ラッキーパーソン
アドバイス	チャンスが訪れることを信じ、希望を持って未来へ挑もう
注意点	先のことを気にしすぎて、今を見失わないように

XVIII 月 【The Moon】ムーン

Keyword キーワード ～不安～

ヘブライ文字：
Koph（クォフ）「後頭部」

占星術：
魚　座

生命の樹：
ネツァク＝マルクト

今日の運勢

もしイヤなことがあっても、イライラしないようにしましょう。不安な気持ちに負けないで。できるだけ注意深く、慎重に行動しましょう。その先には、うれしい出来事が待っています。障害や困難を乗り越えた後で、あなたはたくさんのことを達成した実感を得るでしょう。それは素晴らしい経験になるはずです。

Theme
恐怖や不安に直面する

XVIII

　このカードは、12星座の最後である魚座に対応しています。魚座は「冬の終わり」と「真夜中」を示します。暗闇では恐怖心が出てきますが、闇はやがて光に変わり、新しい始まりにつながります。

　暗い丘には2つの黒い見張り塔が立っています。これは、清廉潔白な人だけが通ることができる恐怖の門です。入り口には、ジャッカルの頭を持つ冥界の神アヌビスが2人、見張り番として立っています。彼らの足元にはジャッカルがいて、堕落した人に襲いかかり、その死体をむさぼり食おうと待ちかまえています。

　下向きの三日月とヘブライ文字「ヨッド」の形をした9つの血の雫(しずく)は、欠けていく月から生じる不安定で不吉な力を表し、妄想、強迫観念、狂気などを誘発します。

　青い空の山は、天空の女神ヌイトのふとももで、夜に飲み込んだ太陽を朝に産み落とすと言われています。カードの下には古代エジプトの太陽神の象徴である黄金虫(こがねむし)が描かれて、意識の覚醒と復活を象徴しています。

全体	不安、悪夢、恐ろしい記憶、イヤな予感、見えない恐怖におびえる、悪巧みする
仕事	夜の仕事、マニュアルのない業務、不安定な職業、失業の不安、失敗を恐れる、能力を試される
恋愛	妄想が膨らむ、あいまいな関係、友達以上恋人未満、あまり好きではない相手と交際する、浮気の心配
勉強	自信を失くす、不合格の不安、スランプに陥る
健康	体調不良、抑うつ、病気が再発する不安、中毒になる
お金	貧乏になる不安、収入の目途が立たない、ルーズな金銭感覚
人間関係	よく知らない相手、信頼できない相手、探り合う関係
人物の特徴	自信のない人、適当な人、不審者
アドバイス	恐怖心を乗り越えて、新天地を目指そう
注意点	自身のなさや不安を言い訳にして挑戦を諦めないで

XIX 太陽 【The Sun（サン）】

Keyword キーワード ～ 喜び ～

ヘブライ文字：
Resh（レシュ）「頭」

占星術：
太陽

生命の樹：
ホド＝イエソド

今日の運勢

明るい気分で過ごせる日です。うれしいことや楽しいことがいっぱいで、充実感で満たされるでしょう。成功体験を通して自信が付き、新しいことに挑戦する勇気が湧いてきます。素晴らしい時間を心ゆくまで楽しみましょう。また、今日のあなたはカリスマ的なオーラに包まれているので、身近な人達を勇気づけることもできるでしょう。

Theme
リラックスして人生を楽しむ

XIX

　このカードは光輝く太陽として表された「ヘル＝ラ＝ハ（新しい永劫の君主）」を描いたものです。「永劫＝アイオーン」は、約二千年を一周期とする期間です。「ヘル＝ラ＝ハ」は自由と愛の神で、人類の完全な解放のシンボルです。人生の喜び、恐れや不安に打ち勝つ意志を表しています。

　カード中央の太陽とバラの花は、男性性（太陽）と女性性（月）の統合を表しています。周辺には、太陽を中心として、占星術の黄道十二宮が描かれています。

　緑の山は肥沃な土のある天国の山ですが、赤い壁は新しい永劫がコントロール不能で、いまだに達成されていない状態を表しています。

　翼のある双子の子供達は光の中で踊っています。自然に湧き上がってくる喜びと、差異を超えて生まれる仲間意識を表しています。彼らは赤い壁の外にいるので、罪や死といった制限から自由になっています。また、子供達の足元にあるバラ十字は、神性と現実性の融合を示しています。

全体	喜び、幸せ、誕生、新生、魂を磨く、成功、成長、栄光、最高潮
仕事	就職・転職に成功する、営業や交渉がうまくいく、仕事の目標を達成する、仕事を楽しむ、良いチームワーク、仕事で自己実現する
恋愛	恋愛を楽しむ、新しい恋が始まる、理想通りの人に出会う、告白やプロポーズに成功する、恋人と幸せな時間を過ごす、結婚する、パートナーにたっぷり甘える、仲直りする
勉強	合格する、資格を得る、表彰される
健康	健康な状態、スポーツで体を鍛える、快方へ向かう
お金	利益を得る、満足な報酬を得る、預金や資産が潤沢にある
人間関係	親友、仲間、同志、ソウルメイト、リラックスして付き合える関係
人物の特徴	パワフルな人、自信満々な人、カリスマ性のある人、スター、アイドル
アドバイス	自信を持って目標達成を目指そう
注意点	自分の能力を過大評価しないこと

XX 永劫 【The Aeon】(アイオーン)

Keyword ～ スタート ～

ヘブライ文字：
Shin（シン）「歯」

占星術：
火のエレメント

生命の樹：
ホド＝マルクト

今日の運勢

今日は新しいことに挑戦してみましょう。ライフスタイル、仕事の環境、ヘアスタイルやファッションから考え方まで、思い切ってガラリと変えてみて。時代遅れのアイデア、流行遅れのアイテム、形骸化したルールなど、役に立たないものは無視すること。その代わり、未来の成長につながる新鮮な刺激をオープンに受け入れましょう。

Theme
新しい時代を生きる

XX

　このカードは子宮の形に歪曲した青い女性の影に取り囲まれています。彼女はエジプトの天の女神ヌイトで、夜になると太陽を飲み込み、朝になると太陽を産み落として新しい命を与えると言われています。これは、無限の可能性を象徴しています。
　赤い翼を持つ火の玉は、ヌイトのパートナーであるハディトで、永遠のエネルギーを表しています。
　カード中央にはヌイトとハディトの息子ホルスが、2つの姿で描かれています。彼は新しい永劫を具現化する太陽の神です。背景で玉座に座る支配者のホルスは、強固な力と威厳を象徴しています。彼は古い宇宙を破壊しました。手前にいる半透明の姿は童神ホルスで、沈黙のサインを送っています。
　カードの下には、このカードと対応するヘブライ文字「シン」が描かれています。3つ又フォーク型に配置されている3人は、子供、大人、老人です。これは、すべての世代の人々が新しい時代に参加することを意味しています。

全体	スタート、希望、自己発見、変容、魂の成長、心機一転
仕事	新しい仕事を始める、未経験の業種に転職する、型破りな仕事のスタイル、高度な技術を修得する
恋愛	恋愛観がガラリと変わる、新鮮なタイプの人と付き合う、刺激的な恋愛関係、恋人とは別に好きな人ができる、恋人と距離を置く
勉強	転校する、勉強法を変える、新しい先生に師事する
健康	全身を検査する、病気の原因を取り除く、快方へ向かう
お金	貯金を始める、資産運用の方法を見直す、新しい収入源を得る
人間関係	老若男女、交友関係を広げる、初対面、しがらみを断つ
人物の特徴	子供、若者、元気な人、フレッシュな感性を持つ人、若いリーダー
アドバイス	新しい挑戦に向けて準備をし、慎重に進めよう
注意点	何でも最初は困難だということを肝に銘じて

XXI 宇　宙　【The Universe（ユニバース）】

Keyword キーワード　〜　完成　〜

ヘブライ文字：
Tau（タウ）「十字形」

占星術：
土星

生命の樹：
イエソド＝マルクト

今日の運勢

今日は特別な日になりそう！　気力も体力も充実して、いきいきと過ごせるでしょう。仕事もプライベートも、誰にも邪魔されることなくスムーズに進みます。新しいチャンスに恵まれる兆しもあります。まるで世界と自分が完全に調和しているかのように、すべてがうまくいくでしょう。リラックスして今日という素晴らしい1日を楽しんで！

Theme
全体を俯瞰し、最初から最後までやり通す

XXI

　このカードは「大いなる業」の完成を表しています。ヘブライ文字「タウ」に対応し、「0愚者」の「アレフ」と合体することで「本質」という意味になります。

　中央には、蛇と踊る処女の姿が描かれています。彼女は人生の楽しみと生命力を象徴しています。蛇は楽園の蛇で、処女は踊ることによって、アダムとイブの物語で起こった蛇と女性の間の対立を乗り越えようとしています。

　開かれた宇宙の門は、女性の陰門の形をしています。これは、すべての生きとし生けるものの起源です。72個の連結を持つ中央の星の車輪は、カバラの「生命の樹」の起源です。純粋な心を持つ者だけがそれを見ることができます。

　72はすべての人間を示すシンボル的な数字で、創造の完全性を表しています。その下にある神殿のある風景は創造の設計図で、背景の緑の水源は豊かさと希望を表しています。

　水を吐くケルビムの四聖獣は、「V神官」で見せた空虚な表情とは対照的でパワフルな様子です。これは、創造の活発さを示しています。

全体	完成、安心、満足、帰郷、帰宅、和解
仕事	仕事を楽しむ、天職を見つける、目標を達成する、イキイキと働く、創造力を発揮する、適材適所
恋愛	幸せな恋愛をする、自分にピッタリのパートナーを見つける、深い絆で結ばれる、無条件の愛、セックスの相性が良い
勉強	合格する、満点を取る、完ぺきに理解する
健康	五体満足、手術が成功する、病気が快方へ向かう
お金	金銭的に恵まれる、満足な収入を得る
人間関係	強い絆で結ばれた親友や仲間、何でもわかり合える間柄
人物の特徴	完ぺきな人、憧れの人、素晴らしい人
アドバイス	自分の居場所を見つけて、人生を楽しもう
注意点	もうすぐゴールだと安心し、歩みを止めないように

ワンドの騎士【Knight of Wands】ナイト・オブ・ワンド

Keyword ～ 情熱 ～

エレメント：
火の宮の火

占星術：
蠍座20度～射手座20度

生命の樹：
コクマー（知恵）

今日の運勢

今日のあなたはとってもパワフル！　前向きなエネルギーに満ちあふれています。自分が欲しいものを得るために高い目標を設定し、達成に向けて積極的に行動できるでしょう。難しいことでも、軽々こなすことができそう。ただし、ケアレスミスに気を付けて。また、今日は思わず興味を惹かれるような、面白い男性との出会いがあるかも。

Theme
高い目標に向けて意識を集中させる

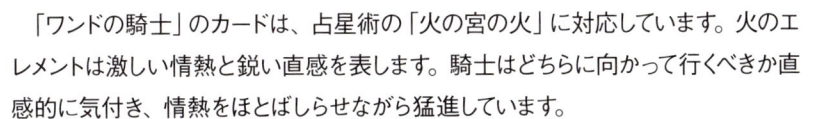

「ワンドの騎士」のカードは、占星術の「火の宮の火」に対応しています。火のエレメントは激しい情熱と鋭い直感を表します。騎士はどちらに向かって行くべきか直感的に気付き、情熱をほとばしらせながら猛進しています。

甲冑と炎のマントに身をまとって完全武装した騎士は、創造のエネルギーのシンボルです。彼の乗る黒い馬は勇猛果敢で、後ろ足で跳躍しています。勢いよく急上昇する姿は、目的に向かってまっすぐ進む集中力と直感力を象徴しています。一歩間違えると、暴走して道を踏み外してしまいそうですが、そのパワーはきちんとコントロールされています。

背景には、黄色の光線が輝いています。直感力をサポートする洞察力と認知力を表しています。騎士の左手に握られた大きなたいまつは、激しく燃えています。これは、世界に明るい光をもたらす啓蒙のシンボルです。地面でうねるように燃え盛る炎は、人の情熱を刺激するエネルギーを表しています。

全体	情熱、自信、勇気、活動力、力強さ、強い意志、強靭な精神、猪突猛進、激しさ、自負、衝動、予想できない行動
仕事	リーダーシップを取る、新しい企画を立てる、先駆的な仕事、自信を持って働く、独立する、上司や先輩にたてつく、状況に応じて計画を修正することができない
恋愛	勇気を出して告白する、精力的に出会いを求める、猛アタックする、情熱的な恋愛、男性が優位なカップル、恋のライバルと戦う、失恋のトラウマから立ち直れない
勉強	勉強に熱中する、研究に情熱を傾ける、自分の能力を信じる、出だしでつまずく、受験に失敗してやる気をなくす
健康	高血圧、怪我、熱中症
お金	予算オーバー、金策に走る、資金を必死で調達する、お金をパーッと使う
人間関係	協調性がない、ひとりで突っ走る、一匹狼
人物の特徴	勇敢な人、行動力のある人、寛大な人、血気盛んな男性、腹黒い人、冷酷な男性、プライドが高い人、せっかちな人
アドバイス	目的意識を持って、パワフルに行動しよう
注意点	うぬぼれて慢心しないように

ワンドの女王【Queen of Wands】
クイーン・オブ・ワンド

Keyword キーワード ～ 達観 ～

エレメント：
火の宮の水

占星術：
魚座20度～牡羊座20度

生命の樹：
ビナー（理解）

今日の運勢

「すべてが手に入らないなら何もいらない」。今日のあなたは、そんな極端な気分になりそう。ただ、中途半端なものでは満足できないと思っていると、幸運のきっかけを見逃してしまうことも。それは情熱的な出会いを導くチャンスでもあります。結果を気にすることなく、冒険に身を投じる心の準備をしておきましょう。

Theme
魂の成長を目指す

ワンド

　目を閉じて炎の王座に座る女王は、心の中で燃え盛る情熱の炎を静かに受け止めています。それは、悟りを得るために必要な力、クンダリーニのエネルギーです。
　女王は左手に棒（ワンド）を持っていて、その先にはバッカスの神秘を示す松かさがついています。これは情熱とエクスタシーを表しています。彼女は胸の奥深くで生まれた神秘に心を奪われ、恍惚の表情を浮かべています。
　彼女の赤味を帯びた金色の長い髪は、生命力を象徴しています。王冠は翼の付いた太陽で覆われていて、炎を放っています。そこから出ている12本の光線は啓蒙のシンボルで、完全に進化した創造力を表しています。
　女王のかたわらでは、豹（ひょう）が頭をもたげてうずくまっています。それは野生的な力と直感的な本能を表しています。女王は豹の頭に手を置いて、注意深く手なずけています。これは、優しい情緒と激しい情熱の融合を表しています。

全体	達観、安定、満足、情熱、独立、直感、開放、刺激、高次の魂、威圧、強情、横柄、執念深い
仕事	専門的な分野で活躍する、秘かに野心を燃やす、大きな課題に取り組む、自営業で成功する、でしゃばってリーダーになる
恋愛	魅力が高まる、安定した関係、パートナーに従う、以心伝心、女性が男性を尻に敷く
勉強	知性を磨く、合格への情熱を燃やす、勉強に時間とお金をかける、こっそり猛勉強する、ひたすら暗記する、理解不足
健康	医師の指示を守る、ストイックな健康法を実践する、憂うつな気分になる、イライラする
お金	手堅く貯金する、ルールを決めてお金を使う、節約を徹底する、スキルアップのために投資する
人間関係	友情や愛情を大切にする、ひとりの女性が実権を握る、上下関係がハッキリしている、抵抗する、親友を裏切る
人物の特徴	思いやりがある人、寛大な人、人生経験が豊富な女性、カリスマ的な女性リーダー、だまされやすい人、怒りっぽい人、頑固な女性
アドバイス	自分に必要なものを明らかにし、それを得るために努力しよう
注意点	自己満足に陥り、度を越した主張をしないように

ワンドの王子【Prince of Wands】

Keyword キーワード 〜 自信 〜

エレメント：
火の宮の風

占星術：
蟹座20度〜獅子座20度

生命の樹：
ティファレト（美）

今日の運勢

情熱的な1日になりそう。目標達成に向けて、本気で走り出しましょう。戦略を練って、上手に力をコントロールすれば、リスクをチャンスに変えることができるはず。あなたのパフォーマンスにふさわしいステージを選び、最大限の力を発揮して。自信を持って取り組めば、簡単にライバルを追い越すことができるでしょう。

Theme
楽観的に人生に立ち向かう

　戦車に乗る裸の王子が強い衝動で突き進んでいます。その両腕はむき出しで、パワフルで若々しい力強さと活動力をアピールしています。胸には魔法の封印が付いており、彼が強い影響力を持つことを表しています。

　彼の頭上では、翼のあるライオンの頭が付いた光の王冠が明るい輝きを放っています。これは創造力のシンボルです。

　王子は炎が燃え盛る火の海に座っています。炎を放射する車輪は、この戦車を強化しています。先のとがった炎は、目的に向かう創造的なエネルギーを表します。

　王子は右手にフェニックスの頭が付いた棒を持っています。フェニックスはエジプトの統治のシンボルで、浄化の力を表しています。

　もう一方の腕には手綱を持ち、戦車を引くライオンを操っています。ライオンは野性の力のシンボルで、王子は本能と衝動をコントロールしています。赤く燃えるライオンは、このカードが占星術の獅子座と関連することを表します。

全体	自信、情熱、衝動、猪突猛進、活力、積極的、俊敏、パワー、啓蒙、優柔不断、忍耐不足
仕事	新しい分野や顧客を開拓する、リスクのある仕事を楽しむ、勇気を出して独立する、仕事のライバルと戦う、仕事を怠ける
恋愛	情熱的な恋愛、恋人に夢中になる、斬新なアプローチ、火遊びする、恋人にワガママを言う、展開が予想できない恋愛、愛情がなくなる
勉強	勉強熱心、試験や受験に連戦連勝する、学習意欲がなくなる、勉強をサボる
健康	健康のために運動する、勇気を持って病気に立ち向かう、頼もしい主治医と出会う
お金	浪費する、衝動買い、欲しい物を買うために働く
人間関係	篤い友情で結ばれる、チームワークが破綻(はたん)する、上下関係がハッキリしている
人物の特徴	活発な人、リーダー、スポーツマン、積極的な若い男性、嘘つき、見栄っ張り、臆病者
アドバイス	自信を持って、積極的に行動しよう
注意点	自己満足を得るために貴重な時間を無駄にしないで

ワンドの王女【Princess of Wands】プリンセス・オブ・ワンド

Keyword キーワード ～ 本能 ～

エレメント：
火の宮の地

占星術：
占星術の対応なし
アジアの天空

生命の樹：
マルクト（王国）

今日の運勢

あなたの思い通りに行動できる日です。欲しいものを得るためなら、難しい課題にも果敢に挑戦できるはず。決断力を発揮して、成功を手に入れましょう。指導力もズバ抜けているので、他の人にも大きな影響力を与えることができます。また、今日出会うパワフルで意志の強い女性は、あなたにとって重要な人物になるでしょう。

Theme
魂の高揚を体験する

　このカードには、踊っている火の女神の姿が描かれています。彼女は女司祭でもあり、黄金色に輝く雄羊の頭で飾られた祭壇に仕えています。これは、春の勢いを象徴するもので、火のように激しい生命力を表しています。祭壇の上で燃えるバラの花は、女神の愛に対する捧げものです。

　王女の裸の姿には清らかな魅力があります。大きなダチョウの羽のヘッドドレスは正義の象徴で、太陽のワンド（棒）は明るく照らす力を表しています。

　王女が跳躍する背景では、黄色と緑色の炎がダイナミックに動いています。その炎は、まるでヘブライ文字のヨッドのような形をしています。これは、快活で陽気な生命力とパワフルな自信を表しています。

　トラは下に向かってジャンプし、その尻尾は王女の首にからみついています。これは野性的な本能が目覚め、エネルギーが爆発する様子を表しています。

全体	本能、情熱、元気、若い、衝動、スタート、冒険、短気
仕事	就職・転職する、天職を見つける、新しいキャリアが始まる、革新的なアイデアがひらめく、野心を持つ、成果を出すために手段を選ばない
恋愛	情熱的な恋愛、ひとめぼれ、夢中になる、女性が男性をリードする、性欲が強くなる、火遊びする、昔の恋人に執着する
勉強	向上心に燃える、好きなことを学ぶ、勉強しすぎて燃え尽きる、まぐれで合格する
健康	ダイエットする、病気に立ち向かう、生活習慣を改善する、新しい健康法に飛びつく
お金	お得に買い物する、儲け話に飛びつく、金銭的なサポートを受ける
人間関係	ハッパをかける、正反対な２人、パワーバランスが崩れる
人物の特徴	パワフルな若い女性、才気煥発な人、大胆な人、健康的な人、かんしゃく持ち、自分が正しいと思っている人
アドバイス	情熱的で刺激的な毎日を送ろう
注意点	芝居がかった態度を取らないように

ワンドのエース【Ace of Wands】エース・オブ・ワンド

Keyword キーワード 〜 火の力の根源 〜

数とエレメント：
エース（1）火のエレメント

占星術：
火のサイン
（牡羊座、獅子座、射手座）

生命の樹：
ケテル（王冠）

今日の運勢

あなたは今日、素晴らしいものを得ることができます！ チャンスを生かして、大きな幸せをつかみ取りましょう。進行中の計画は、しっかり手間ひまをかけると、満足できる結果になるはず。問題があるのなら、それを解決するために積極的に動きましょう。人と話すときはオープンな態度を意識すると、好感度がアップします。

Theme
満足な結果を得るために、進んでリスクを取る

「ワンドのエース」は、「火」の元素の本質である直感や情熱を表しています。それは、物質の中に現れる神の本源的なエネルギーでもあります。ただ、エネルギーが発動して間もないので、まだハッキリとした形になっていません。

カード中央に描かれた大きなたいまつは、創造と啓蒙の象徴です。そこから燃え上がる10の炎は「生命の樹」の形になっています。これらの炎は、ヘブライ語のアルファベットの基礎であり、生命の創造者のシンボルである文字・ヨッドに由来しています。それはすべての「10」のカードが持つ潜在力を示していますが、ワンドのスートではエースのカードにその力が表れています。また、炎は太陽の持つ男性的なエネルギーの象徴でもあります。

たいまつから放たれた稲妻は緑色に光り、大きなエネルギーが解放されています。この様子は、ハイテンション、驚き、希望を表すものです。

赤い背景は、感情の起伏が激しい火の気質を表しています。

全体	情熱、直感、刺激、活気、希望に満ちたスタート、意志、決定的、成長のチャンス
仕事	新しい仕事、起業、リスクを楽しむ、挑戦を通して成長する、リーダーシップを発揮する、斬新なアイデアを出す
恋愛	情熱的な恋愛、新しい恋が始まる、愛の炎が燃え上がる、衝撃的な出会い、セクシーな魅力
勉強	学習意欲が高まる、勉強に打ち込む、新しい研究分野を開拓する
健康	激しい運動をする、心拍数が上がる、高血圧
お金	意欲的に稼ぐ、資金を集める、積極的な投資
人間関係	やる気のある仲間を募る、情熱的なグループ、スポーツチーム
人物の特徴	積極的な人、情熱的な人、リーダー、カリスマ
アドバイス	リーダーシップを発揮しよう
注意点	カッとして、ごう慢な態度を取らないように

ワンドの2 【Dominion ドミニオン 支配】

Keyword ～ 支配 ～

数とエレメント：
2　火のエレメント

占星術：
牡羊座の火星

生命の樹：
コクマー（知恵）

今日の運勢

今日のあなたは、エネルギーがありあまっています。目標達成に向けて情熱を注ぎ、そのために自分の権利を主張したくなる瞬間もあるでしょう。ただし、すべてを得ようとすると、燃え尽きてしまう恐れがあります。イライラしたら、スポーツで汗をかくのがオススメ。楽しみながら人と競い合うことで、リフレッシュできるでしょう。

Theme
創造の前には、破壊が必要である

　このカードは「火」のスートのコクマー（知恵）に属し、最も高められた意志を表します。占星術では、牡羊座の火星に対応しています。12星座の最初にあたる牡羊座は先駆者の勢いを発揮し、火星はエネルギーの流れを作ります。

　カードの中央では、2つのドルチェが交差しています。ドルチェ（チベット密教の法具の1つ）は、チベット人にとって落雷を象徴するもので、破壊と創造の神の力を表しています。これは、「新しいものを創造する前には、既存のものを破壊することが必要だ」ということを暗示しています。また、この稲妻の矢は男根のシンボルでもあり、生命を産み出すための積極的な性の力を象徴しています。

　また、ドルチェの下方先端にある2対の蛇も、破壊と創造を表すものです。ドルチェの上方先端にある魔力を持つ仮面は、恐怖を乗り越えることを示しています。中央部から出ている6つの炎は、衝突によって燃え上がる創造的な意志の力を象徴しています。

全体	支配、勇気、創造、リスクを取る、夢中になる、自己主張する、好戦的、配慮がない
仕事	ライバルと競争する、専門分野に特化する、仕事を独占する、リスクのある取引、特許を取る、礼儀をわきまえない
恋愛	相手の好意を利用する、恋人にワガママを言う、恋人に貢がせる、恋人に依存する、DV
勉強	ライバルと切磋琢磨する、大半の時間を勉強に費やす、勉強を投げ出す
健康	持病がある、神経性の病気、偏頭痛
お金	金銭的な問題に縛られる、家族を養う、買収される
人間関係	緊張感のある関係、上下関係、利害関係
人物の特徴	強い人、タフな人、無神経な人、ワガママな人、独裁的な人
アドバイス	リスクを冒しても、自分の意見を主張しよう
注意点	むやみに攻撃的にならないように

ワンドの3 【Virtue 美徳】

ヴァーチュ

Keyword キーワード ～ 美徳 ～

数とエレメント：
3　火のエレメント

占星術：
牡羊座の太陽

生命の樹：
ビナー（理解）

今日の運勢

陽気な気分で過ごせる日です。楽しい時間を自分にプレゼントしましょう。仕事では、チャンスの芽が花開き、うれしい展開がありそうです。また、今日はステキな出会いがある予感。決まった相手がいない人は、新しい恋が始まる期待大です。もし恋愛に興味がなくても、今日が素晴らしい1日だと実感するような経験ができるでしょう。

Theme
自分の可能性に気付き、自信を持つ

このカードは「火」のスートにおけるビナー（理解）にあたり、「原始的なエネルギーの確立」を表しています。

占星術では、牡羊座の太陽に対応します。太陽は牡羊座と好相性なので、そこにいるときが居心地よく、本来の力を存分に発揮することができます。そのため、このカードでは、太陽のパワフルなエネルギーが生まれます。

また、調和した牡羊座の太陽のエネルギーは、春の始まりを表します。そのため、ワンドの先端は開花したハスの形になっています。黄色に花咲く3本のハスのワンドは、太陽の光を浴びて花開く生命力のシンボルです。

真ん中にある10本の白い火の光は、成長を促進するピュアな創造力を表しています。

黄色とオレンジ色の背景は、朝の光と太陽の栄光を表しています。エネルギーを生み出す「偉大なる母」である太陽は、日の出とともに燃え立つ準備が整ったところです。

全体	美徳、積極性、バイタリティ、自信、成功、実行、啓蒙、生命力、栄光
仕事	転職に成功する、仕事のチャンスを得る、仕事仲間に恵まれる、有利な交渉、利益を得る、援助を受ける、技術の進歩
恋愛	意気投合する、恋が始まる予感、友情から愛情が生まれる、将来有望な恋愛、もろい絆
勉強	真面目に勉強する、努力して成績を上げる、合格ラインに達する
健康	健康的な生活を送る、体力をつける、早寝早起きする
お金	積極的に投資する、安定した収入を得る、昇給目的で転職する、努力の結果報酬を得る
人間関係	楽しい仲間、最高のチームワーク、情熱的な同志
人物の特徴	誠実な人、自信のある人、リーダー、努力家、成功者
アドバイス	自信を持って成功を目指そう
注意点	オーバーシュートしてゴールを外さないように

ワンドの4 【Completion 完成】
コンプリーション

Keyword キーワード 〜完成〜

数とエレメント:
4　火のエレメント

占星術:
牡羊座の金星

生命の樹:
ケセド（慈悲）

今日の運勢

どんなことに挑戦しても、うれしい結果を期待できる日です。無理だと思っていたことを克服したり、バラバラのものを1つにまとめることに成功できそう。あなたの心は満足感でいっぱいになるでしょう。また、気が乗らない計画や、難しい話し合いなど、面倒なことには注意深く取り組みましょう。慎重に進めればうまくいくはず。

Theme
正反対のものを含め、全体を俯瞰する

　このカードは「火」のスートにおけるケセド（慈悲）にあたります。「ワンドの2」の意志は、「ワンドの3」を通してエネルギーを得て、ワンド4で固まり、1つの体系（秩序、法、政府）となりました。

　占星術では、牡羊座の金星に関連します。「気転や優しさなしには、立派な仕事を成し遂げることはできない」ということを示しています。

　ワンドの先端には雄羊がついています。雄羊は牡羊座と関連し、聖なる太陽神アメン・ラーを指すケセドの聖獣でもあります。ワンドのもう一方の先端には、ウェヌス（金星）の鳩が付いています。雄羊は闘争、鳩は平和の象徴で、正反対のものが調和する様子を表しています。

　中央には、8本の炎を放つ太陽とクロスした4つのワンドからなる黄色い輪が描かれています。ワンドの両端がバランスを保って輪に触れている様子は、火のエレメントの仕事が完成と限界を迎えたことを示しています。

　深緑色の背景は、繁栄、自然、生きる喜びを象徴しています。

全体	完成、秩序、調和、バランスの取れた強い力、自己肯定、完結、成就
仕事	プロジェクトが完了する、仕事の成果が出る、利益に貢献する
恋愛	理想的な相手と出会う、パートナーを見つける、仲良しカップル、性的な満足、発展的解消
勉強	好きな勉強をする、努力して成績を上げる、試験範囲をカバーする
健康	体調良好、精密検査を受ける、治療や手術が終わる
お金	報酬を得る、支払いが完了する、契約が満了する
人間関係	気の置けない仲、素晴らしいチームワーク、和解
人物の特徴	穏やかな人、文武両道な人、頼りがいのある人
アドバイス	適切な方法で仕事を成し遂げよう
注意点	緊張感に負けて、妥協しないように

ワンドの5 【Strife 闘争】

Keyword キーワード ～ 闘争 ～

数とエレメント：
5　火のエレメント

占星術：
獅子座の土星

生命の樹：
ゲブラー（正義）

今日の運勢

今日は、あなたを邪魔する人が現れそう。トラブルが起こって、進行中の計画が中断する暗示もあります。頭の堅い人や権威主義的な人があなたの前に立ちはだかっても、真っ向から戦う姿勢を見せて。衝突することを恐れず、堂々と向き合いましょう。また、面倒な問題が起きたときも、逃げることなく、しっかり対処しましょう。

Theme
徹底的に話し合い、ベストな解決方法を見つける

ワンド

　このカードは「火」のスートのゲブラー（正義）に対応します。ゲブラー自体が「火」のセフィラなので、純粋で活動的な火の力を表します。

　占星術では、土星と獅子座に関連します。獅子座は最も強くてバランスが取れた火のエレメントで、土星はそれを妨害する傾向があります。

　中央に描かれているのは「黄金の夜明け団」の首領達人（チーフ・アデプト）のワンドで、最も高次の力の象徴です。

　それと交差するのは、フェニックスの頭が付いた第二の達人（メジャー・アデプト）のワンドです。これは火による破壊と浄化の後、エネルギーが復活する様子を示しています。紫色の花と羽根は魂の力の象徴です。

　さらに、ハスの花が付いた第三の達人（マイナー・アデプト）のワンドが一対クロスしています。これは、包容力と豊穣を表しています。

　10の光線を放つ星型の炎は、正反対のエネルギーの衝突で生まれた熱で燃え盛っています。黄色い太陽の背景は、光を得ようと奮闘する様子を表しています。

全体	闘争、競争、敵対、葛藤、暴力、野心、挑発、限界、妨害、ムダなエネルギー
仕事	ライバルと競争する、出世争い、苦労して成果を出す、意見がぶつかる、野心的な介入
恋愛	障害を乗り越えて結ばれる、ケンカの絶えないカップル、恋人との仲が険悪になる、妥協して付き合う
勉強	難関な学校や資格を目指す、選抜試験を突破する
健康	頭に血が上る、高血圧、流血
お金	争いの結果、金品を勝ち取る（コンテスト、訴訟など）
人間関係	ライバル、犬猿の仲、仲直りする
人物の特徴	意欲的な人、血気盛んな人、好戦的な人
アドバイス	トラブルから逃げず、競争に立ち向かおう
注意点	高飛車な態度を取らないように

ワンドの6 【Victory ヴィクトリー 勝利】

Keyword キーワード ～ 勝利 ～

数とエレメント：
6　火のエレメント

占星術：
獅子座の木星

生命の樹：
ティファレト（美）

今日の運勢

ラッキーな日です！　思わず飛び上がって喜ぶような、うれしいニュースが舞い込んでくる兆し。今日は物事がスピーディーに進行するので、チャンスをつかむためには、勢いよく動く必要があります。精力的に奮闘すれば、素晴らしい評価とご褒美に恵まれるでしょう。勝利の瞬間を楽しみ、身近な人達と一緒にお祝いしましょう。

Theme
素直に成功を喜ぶ

　このカードは「火」のスートのティファレト（美）と対応します。これは、完全にバランスの取れたエネルギーを示しています。「4」の閉ざされた力を、「5」は情熱を持って吹き飛ばし、「6」に至りました。

　占星術では、木星と獅子座に関連します。この惑星と星座はどちらも火のエレメントにあたり、美しく調和しています。

　カードの中央には、「ワンドの5（闘争）」のカードに登場したのと同じ3種類の達人のワンドが、整然と配置されています。ワンドの先端に付いたフェニックスの頭は創造力を、羽根の生えた太陽と蛇がついたディスクは統治を、それぞれ象徴しています。

　ワンドが交差する部分では炎が燃えています。その炎はまるでランプの中にあるように、安定しています。炎の数は9つで、イエソド（基礎）と月に関連します。これは安定したエネルギーと女性的な包容力を象徴しています。紫色の背景は、真実と高貴な心を表しています。

全体	勝利、成功、良いニュース、楽観主義、成果、褒美
仕事	仕事で成功する、コンペに勝つ、キャリアアップ、職場で優遇される、有力者に気に入られる
恋愛	片想いの恋が実る、告白してOKをもらう、プロポーズが成功する、希望に満ちた恋愛、温かい関係
勉強	合格する、優秀な成績を収める、研究成果が認められる
健康	努力して健康になる、病気を克服する、治療がうまくいく
お金	昇給、クジに当たる、高額の商談をまとめる
人間関係	お互いに高め合う関係、最強のチーム
人物の特徴	魅力的な人、成功者、優秀な指導者、オピニオンリーダー
アドバイス	すべてがうまくいくと信じよう
注意点	自分の成功をひけらかし、人を見下さないように

ワンドの7 【Valour 勇気】
ヴァラー

Keyword キーワード 〜 勇気 〜

数とエレメント：
7　火のエレメント

占星術：
獅子座の火星

生命の樹：
ネツァク（勝利）

今日の運勢

今日、あなたが収めた成功が危機にさらされる恐れがあります。もしくは、その成功が突然、その意義を失うかもしれません。何もせず、目の前で希望が打ち砕かれるのを見ているだけではダメです。まずは、あなたの地位を狙っている人がいないか観察してみて。もし必要なら、自分から立ち上がって、戦いを挑みましょう。

Theme
衰退している物事を盛り上げようと懸命に努力する

ワンド

　このカードは「火」のスートのネツァク（勝利）に由来します。生命の樹で、7番目のセフィラであるネツァクは下の方に位置しています。全体的なバランスから離脱しているため、「7」は弱い数です。

　占星術では、獅子座の火星に対応します。獅子座も火星も本来はパワフルですが、ここでは衰退の兆候が表れています。

　四方に散乱しながら揺らめく火は、脅威に対して無計画に攻撃を仕掛ける様子を暗示しています。戦いに勝つためのエネルギーも、十分にありません。このように無秩序な状態に陥った軍隊が勝利するには、ひとりひとりの兵士の勇気が必要です。

　中央には、「ワンドの6」のカードで整然と並んでいたワンドが、背景に退けられた様子が描かれています。その影響力が徐々に消えていく様子を表しています。

　その前方には、大きなこん棒があり、手元にある最初の武器になっています。これは原始的な力を表していますが、荒削りのワンドは明らかに戦闘に不向きです。

全体	勇気、困難と闘う、危険を冒す、無謀な挑戦、限界を突破して成長する、孤軍奮闘、起死回生
仕事	ノルマ、属人的な仕事、クビを覚悟で賭けに出る、難しい案件、傾いた事業を立て直す、孤独な立場に就く、地位を狙われる
恋愛	大胆なアプローチ、玉砕覚悟で告白する、フラれても諦めない、恋のライバルに挑戦する、マンネリな関係を立て直す
勉強	独学、自習、難問に挑戦する、スランプに陥る、合格する可能性が低い
健康	疲れやすい、健康を過信する、病気と闘う
お金	金欠、ルーズな資金計画、融資や借金を申し込む
人間関係	チームワークが悪い、意思疎通がうまくいかない
人物の特徴	無謀な人、自分勝手な人、カラ元気な人、一匹狼
アドバイス	勇気を出して、うまくいかない状況を改善しよう
注意点	実力を過大評価し、無駄なエネルギーを費やさないように

ワンドの8 【Swiftness 迅速】
スモールカード / スウィフトネス

Keyword キーワード 〜 迅速 〜

数とエレメント：
8　火のエレメント

占星術：
射手座の水星

生命の樹：
ホド（栄光）

今日の運勢

今日は、驚くような出来事があるでしょう。予想していなかったうれしいニュースを聞いて、思わず興奮してしまうかも。また、たくさんのアイデアがひらめき、難航していた問題を解決できるでしょう。恋愛は、電撃的な恋の予感。突然着火した愛の炎が燃え上がり、心が満たされるような素晴らしい体験ができるでしょう。

Theme
新しい地平を切り開く

　火のスートの最後の3枚（ワンドの8、9、10）はすべて、純粋な「火」のエネルギーを象徴する射手座に属しています。中でも、このカードは射手座の水星に対応し、射手座の知的好奇心、水星の論理的な思考力をあわせ持っています。

　生命の樹では、「火」のスートのホド（栄光）と対応し、言葉、光、電気を意味しています。そのため、このカードは「高速度のエネルギー」を象徴しています。

　カードの中央には、ワンドのシンボルである「炎」の代わりに、赤い稲妻光が8本描かれています。炎はすべてワンドの中に吸収され、電気光線になりました。その背景には、八面体が描かれています。電気的なエネルギーの振動が幾何学的な形となり、物質を支えている様子を表しています。

　その上には虹が輝き、魂の世界から現実の世界に架かる橋の役目を果たしています。また、薄い青色の背景は、知性と魂の啓示を表しています。

全体	迅速、スピード、突然、即断即決、活発、インスピレーション、発明
仕事	革新的な仕事、斬新なアイデア、理想的な発展、新しい仕事の契約、海外の仕事
恋愛	ひとめぼれ、衝撃的な出会い、刺激的な恋愛、スピード交際、突然の別れ
勉強	物理や科学の学習、一夜漬け、詰め込み勉強、速読、短期集中講座
健康	やけど、応急手当、突然の怪我
お金	お金の出入りが早い、あぶく銭、散財、自転車操業
人間関係	一瞬で意気投合する、刹那的な関係
人物の特徴	頭の回転が速い人、フットワークが軽い人、流行に敏感な人
アドバイス	新しい視野を持ち、スピーディーに動こう
注意点	性急に動かず、まずは冷静に判断しよう

ワンドの9 【Strength 剛毅】

~ Keyword キーワード ～ 剛毅 ～

数とエレメント：
9　火のエレメント

占星術：
射手座の月

生命の樹：
イエソド（基礎）

今日の運勢

今日は、自分自身を信じるべきです！　勇気がなくて、今まで実行できなかったことはありませんか？　今日こそ、そのことに挑戦しましょう。実際にやってみることで、自信がつくはず。ポジティブなエネルギーが湧いてきたら、未来の楽しい計画を立てるために使いましょう。次の休日に何をしようか考えるのもオススメです。

Theme
無意識のエネルギーに触発される

このカードはイエソド（基礎）に属しています。これは、エネルギーをバランスの取れた状態へ戻す場所です。

占星術では、射手座の月に対応します。生命の樹では、射手座の径（パス）が太陽のセフィラであるティファレト（美）と月のセフィラであるイエソド（基礎）を結び付けているので、月の影響を二重に受けています。

ワンドは矢になりました。矢のうち8本は背景にあり、その前に大きな矢が1本あります。直立した中央の矢の先端は太陽と月につながり、意識（太陽）と無意識（月）の調和を象徴しています。

先が尖った8本の矢は、無意識のエネルギーを活性化させています。矢は下向きに交差していて、エネルギーが下に向かっている様子を表しています。

背景にある10本の炎の矢を持つ星は、調和的なつながりから生まれた光り輝くエネルギーを表します。

暗い背景は、上に向かうにつれて明るくなっています。これは、無意識の領域からエネルギーが湧き上がる様子を表しています。

全体	剛毅、予想、希望、自立、調和、インスピレーション、エネルギー
仕事	ステップアップする、専門性を生かす、努力して実力を磨く
恋愛	ウマが合う、安定した関係、自然体で付き合う、長く交際する、同棲する、大ゲンカする
勉強	目標のレベルに到達する、頭をフル回転させる、工夫して勉強する
健康	心身のバランスを取る、健康に良いことを試す、一病息災
お金	お金をやりくりする、あちこちから借金する、定期預金を解約する
人間関係	付かず離れずの関係、本心を探り合う、何でも言い合える仲
人物の特徴	カンが鋭い人、柔軟な人、八方美人、優柔不断な人
アドバイス	自分の直感を信じて行動しよう
注意点	自分に都合の良い勘違いをしないように

ワンドの10 【Oppression 抑圧】

Keyword ～ 抑圧 ～

数とエレメント:
10　火のエレメント

占星術:
射手座の土星

生命の樹:
マルクト（王国）

今日の運勢

自制心が必要な日です。今日は、権威的な人物が、あなたを攻撃してくる恐れがあります。ただし、カッとなって激しく抵抗するのは、得策ではありません。相手の挑発に乗って真っ向から衝突すると、息切れしてしまいます。何を言われても冷静に受け止めましょう。平静を保ち、落ち着いて応対することが、最も賢明な方法です。

Theme
孤独な体験を通して感情をコントロールする

ワンド

　数の10はマルクト（王国）を指します。これは他の9つのセフィロトから分離し、盲目的で過剰な力を発散しています。

　占星術では、射手座の土星と対応します。この2つは真逆の性質を持つ組み合わせで、大きな葛藤があります。射手座は霊的で、軽快で、明瞭ですが、土星は物質的で、鈍重で、あいまいです。

　交差する8本のワンドは、火のエネルギーが衝動的に燃え上がる様子を表しています。しかし、これらのワンドは気高さを失ってしまいました。その両端はかぎ爪のような形をしていて、少ない番号のカードに示されていた権威や知性を欠いています。

　前景には、「ワンドの2」のカードに出てきた2本のパワフルなドルチェがあります。長く伸びて棒状になったドルチェは、火のエネルギーを抑圧しています。

　背景の荒々しい炎は、コントロール不能なエネルギーを示しています。それは最も破壊的な火のエネルギーです。

全体	抑圧、制約、保守的、権威、プレッシャー、ストレス、恐れ、妨害、拘束、将来への不安
仕事	過労、仕事のノルマ、先行き不安な会社、威圧的な上司の下で働く、形骸化した仕事、ワーキングプア
恋愛	未来のない恋愛、タブーな恋愛、冷え切った関係、恋の情熱が冷める
勉強	強化合宿、長時間の試験、受験浪人
健康	抑うつ、神経衰弱、腰痛、肩こり、頭痛、胃痛
お金	借金、担保、差押え
人間関係	足を引っ張り合う、陰険なライバル関係
人物の特徴	威圧的な人、しつこい人、邪魔をする人、無神経な人、冷淡な人
アドバイス	自分の限界を知り、現実的に対処しよう
注意点	ごう慢な態度で人を威圧しないように

カップの騎士 【Knight of Cups】
ナイト・オブ・カップ

Keyword キーワード 〜 理想 〜

エレメント：
水の宮の火

占星術：
水瓶座20度〜魚座20度

生命の樹：
コクマー（知恵）

今日の運勢

目標達成に向けて活動したい日です。そのために、最大限の努力をしましょう。強い目的意識を持つことで、イキイキとした想像力が刺激され、意欲的に動くことができるでしょう。また、今日は繊細で心の優しい男性と出会う可能性があります。彼と意気投合し、親しくなることで、あなたの心は豊かに満たされるでしょう。

Theme
手に届く場所にある目標に刺激される

「カップの騎士」は水の宮の火に対応します。水が火で熱されて沸騰するように、感情がほとばしって情熱的になっています。ただ、水と火は相反する要素なので、葛藤を多く抱えています。このカードが出たときは、葛藤の多い状態か、心の中が内戦状態です。

勢いのある騎士は、魂の領域に昇るための知的な原動力を表しています。騎士は、輝く翼が背中に付いた緑色の鎧を身にまとっています。この翼は、跳躍する白い馬の姿勢とともに、水のエレメントの活動的な面を示しています。緑色の鎧は、自然、希望、豊穣のシンボルで、白い馬は直感的な本能を象徴しています。

右手に掲げた杯からは、蟹が飛び出しています。占星術で蟹座は水のエレメントの活動宮にあたります。カードに描かれた蟹は、蟹座のアグレッシブな性質と直感を司っています。

カードの右下で大きく尾を広げているクジャクは、水のエレメントの聖なる華麗さと、水が司る感情の世界の魔法を示しています。

全体	理想、情熱、直感、本能、芸術、夢、創造力、繊細、葛藤
仕事	トップを目指す、ゴマをする、仕事を要領よくこなす、腰が低い、プロ意識を持つ、アイデアをひらめく、芸術関係の仕事
恋愛	素直に愛情を表現する、慎重に仲を深める、たっぷり愛情を注ぐ、誘いに乗る、ナンパする、浮気する
勉強	知識を掘り下げる、目標を定めて勉強する、文学や芸術を学ぶ
健康	病気を甘く見る、精神不安、頑張りすぎて倒れる
お金	あぶく銭、お小遣いをもらう、衝動買い、趣味やレジャーに浪費する
人間関係	たっぷり甘える、好意を喜んで受ける
人物の特徴	新人、男性の後輩、繊細な男性、受け身な人、温和な人、怠惰な人、信用できない人
アドバイス	目的達成に向けて、大きな一歩を踏み出そう
注意点	妄想を追いかけないで

カップの女王 【Queen of Cups】
クイーン・オブ・カップ

Keyword ～ 情緒 ～

エレメント：
水の宮の水

占星術：
双子座20度～蟹座20度

生命の樹：
ビナー（理解）

今日の運勢

オープンマインドで過ごせる日です。周囲の状況や人の気持ちに敏感になりますが、その分、傷つきやすくなるかも。ただし、今日は直感が冴えているので、トラブルの予兆があればすぐに回避できるでしょう。また、今日は想像力が豊かな女性と出会う可能性があります。彼女との交流を通して、不思議な体験ができるでしょう。

Theme
内なる声を聞き、それを信じる

　カップの女王は、静かな水面の王座に座っています。すべてを優しく包み込み、受け入れる存在です。彼女は清らかで美しく、神妙的な雰囲気を漂わせています。ヴェールをかぶった女王の姿はミステリアスで、その本心を見極めるのは困難です。彼女は、向き合う人の性質を完全に反映する、魂の鏡のような存在なのです。

　女王の全身を包み隠す青と白の光線は、彼女が鋭い直感の持ち主であることを象徴しています。光が反射する静かな海は、無意識の集合体で、心の内に秘めた感情や夢を表しています。

　女王は左手に母性のシンボルである白い巻貝の杯を持っており、その中にはザリガニがいます。ザリガニは占星術の蟹座と直感を示しています。

　右手には、愛情のシンボルであるハスの花を持っています。純粋な愛情があふれ出すと同時に、愛情を受容する力を象徴しています。右手の先にいる鳥はサギで、直感が鋭い分、慎重で用心深くなる様子を表しています。

全体	情緒、幻想、静穏、夢心地、受動的、純粋、想像力、誤解、錯覚
仕事	趣味を仕事にする、芸術的な仕事、宗教や精神世界に関する仕事、癒やしに関する仕事（マッサージ師、セラピスト、エステティシャンなど）、職場で主導権や決定権がない
恋愛	ロマンティックなムードが盛り上がる、ソウルメイト、熱愛、両想いになることを願う、誘われるのを待つ、相手の気持ちを深読みする、恋人に尽くす、あいまいな態度を取る、自然消滅
勉強	文学・音楽・芸術を学ぶ、勉強が手につかない、テストでヤマをかける、親に勧められた学校を受験する
健康	健康に無頓着、生活リズムが乱れる、むくみやすい
お金	趣味にお金を使う、美容に投資する、ルーズな金銭感覚、買い物依存症
人間関係	慰め合う、共感する、ソウルメイト、言いなりになる、お互いに依存する
人物の特徴	ミステリアスな女性、依存する女性、主体性のない人
アドバイス	自分の本心と誠実に向き合おう
注意点	批判せず、純粋な気持ちを大切にしよう

カップの王子 【Prince of Cups】
プリンス・オブ・カップ

Keyword ～ 素直 ～

エレメント：
水の宮の風

占星術：
天秤座20度〜蠍座20度

生命の樹：
ティファレト（美）

今日の運勢

今日は幸せな気分で過ごせる日です。心と体が調和して、リラックスして活動できるでしょう。ワクワクする出来事が起こって、思わずテンションがアップすることもありそうです。インスピレーションに従って動くと、楽しい経験ができるはず。もし泥沼にはまってしまったら、その状態からいったん離れて、自由になりましょう。

Theme
感情と思考を調和する

「カップの王子」は占星術の「水の宮の風」に関連し、風が水に勢いを与えて嵐を巻き起こす状態を示しています。彼の戦車の下には、静かでよどんだ湖水があり、その上に雨が激しく降っています。

鷲のヘルメットをかぶった裸の戦士は、大人になる過程の王子です。洗練された直感的な本能を持っていますが、未熟でうぬぼれ屋なところもあります。

王子が乗る貝殻の形の戦車は、無意識の水を明るく照らす精神的な活力を刺激しています。王子のヘルメットの頂点には鷲が付いていて、戦車を引くのも鷲です。

鷲は占星術の蠍座との関連を示していますが、このカードには蠍が描かれていません。蠍が象徴する腐敗作用は、錬金術で極めて秘密の過程だからです。

彼は右手に大きなハスの花を持っています。水のエレメントにとって神聖なハスの花は愛情を表しています。左手に持つ杯からは、蛇が出てきています。蛇は変容と再生のシンボルです。

全体	素直、感情、熱中、思考、柔軟性、精神、エネルギー
仕事	憧れの仕事を目指す、趣味を仕事にする、芸術的な仕事、心に関する仕事（カウンセラー、占い師、ヒーラーなど）、宗教関係の仕事（聖職者、僧侶、牧師など）、暗躍する、チームから外される
恋愛	ロマンティックな雰囲気になる、愛のアプローチをする、憧れの人ができる、秘かに恋焦がれる、誘惑する
勉強	目的を持って勉強する、こっそり勉強する、学習意欲を失くす
健康	やる気が出る、リラックスする、不安になる、倦怠感に悩まされる
お金	直感で買い物する、雰囲気に流されて買ってしまう、寄付する、困っている人にお金を貸す
人間関係	いたわり合う、親切、人のために一肌脱ぐ、人の影響を受けやすい
人物の特徴	優しくてロマンティックな男性、魅力的な人、優柔不断な人、女たらし
アドバイス	自分の気持ちを素直に表現しよう
注意点	うぬぼれと野心を手放そう

カップの王女【Princess of Cups】
プリンセス・オブ・カップ

Keyword キーワード ～ 想像 ～

エレメント：
水の宮の地

占星術：
占星術の対応なし
太平洋の天空

生命の樹：
マルクト（王国）

今日の運勢

感受性が豊かになる日です。今日のあなたは、いつもよりロマンティックな気分になりそう。心をオープンにすると、うっとりするような経験をするチャンスに恵まれるでしょう。ただし、あらゆる誘惑に心を惑わされないよう注意が必要です。欲望に翻弄されたり、大切な人の愛情を疑ったりしないように！

Theme
夢と幻想の中で遊ぶ

　カップの王女は、泡立つ海の上で踊っています。貝殻の形のドレスに身を包んだ王女の姿は、彼女が優雅な魅力と広い心を持っていることを表しています。

　ドレスの裾のクリスタルは、アイデアを具体化する「水の宮の地」の作用、水の結晶化の能力を表します。

　王冠の羽飾りは、翼を広げた白鳥です。白鳥は東洋哲学における「創造の全過程」のシンボルで、予言する力を持っています。

　王女はフタの付いた杯を持っていて、そこに亀がのっています。これは、ヒンズー哲学に登場する「背中に宇宙を乗せた象を支える亀」を示しています。また、こちらを向いている亀は、王女の心が外に向かって開いていることを表しています。

　カードの右上に描かれている白いハスは神聖なシンボルで、神とのつながりを表しています。

　カードの左側では、海の中でイルカが喜んで飛び跳ねています。これは、生きる喜びと創造力の象徴です。

全体	想像、幻想、夢、愛、穏やかさ、親切、優しさ、優雅、官能、わがまま、怠惰、白昼夢
仕事	憧れの仕事、黙々と仕事に取り組む、プロとしての感性を信じる、適当に仕事する、ケアレスミス
恋愛	優しくアプローチする、憧れの人、ロマンスの予感、深い愛情を注ぐ、女性がリードする、恋人を甘やかす
勉強	夢の実現に向けて学ぶ、楽しく勉強する、勉強仲間を作る
健康	健康に無頓着、体調が不安定、メンタルヘルス
お金	大盤振る舞いをする、おごる、美容やファッションにお金をかける
人間関係	女性同士のグループ、頼られる、馴れ合いの関係
人物の特徴	繊細な若い女性、憧れの女性、おっとりした人、美容マニア、懐の広い人、優雅な人、協力者、ワガママな人
アドバイス	感情を開放して、本音をオープンにしよう
注意点	傷付くのを恐れて、自分に嘘をつかないで

カップのエース 【Ace of Cups】
エース・オブ・カップ

Keyword キーワード 〜 水の力の根源 〜

数とエレメント：
エース（1）水のエレメント

占星術：
水のサイン（蟹座、蠍座、魚座）

生命の樹：
ケテル（王冠）

今日の運勢

今日は、大きな幸せをつかめる日です。自分の心の声に耳を傾けることで、あなたは大切なことに気付くでしょう。やりたいことがあるのなら、オープンに心を開き、周りの人に積極的にアプローチしてみて。そうすれば、素晴らしいチャンスをつかむことができます。また、あなたを悩ませている問題は、解決に向かうでしょう。

Theme
純粋で神秘的な愛情に目覚める

　このカードは、「水」のエレメントの最も神秘的で純粋な形を表します。豊かな感情で満たされており、情熱的な「ワンドのエース（火のエレメントの根源）」を補完する存在です。「カップのエース」が女陰（ヨーニ）と月に由来するのに対し、「ワンドのエース」は男根（リンガム）と太陽に由来しています。

　カードの中央には、大きなハスの花が描かれています。そこから生えたカップには、エネルギーがたっぷりと注がれています。上から降り注ぐ光は、想像的な魂を刺激するものです。

　聖杯の形をしたカップは、愛、献身、癒やしのシンボルです。カップの色はヴァージン・メアリーの色である青色で、優しさや同情を表しています。

　カップを満たしているのは、生命の液体です。これは水、血、ワインなどさまざまな形態で表されます。

　暗黒の海の上では、2つのハスの花が合体して1つになっています。これは、これから発展する美しさ、幸せ、喜びの象徴です。

全体	感情、愛、幸福、快楽、喜び、充実、オープン、調和、満足
仕事	天職を見つける、仕事に夢中になる、満足できる仕事、平和な職場
恋愛	深い愛情、心安らぐ関係、ロマンティックなムード、恋人に尽くす
勉強	学習の成果に満足する、学ぶ喜びを実感する、勉強を楽しむ
健康	体調良好、リラックスする、健康に無頓着
お金	贅沢する、財布の紐がゆるむ、ルーズな金銭感覚
人間関係	気心知れた仲、助け合い、甘えられる相手
人物の特徴	優しい人、心が広い人、包容力のある人、癒やし系
アドバイス	チャンスを生かして大きな幸せをつかもう
注意点	叶わない夢ばかり見ないこと

カップの2 【Love 愛】

Keyword キーワード ～ 愛 ～

数とエレメント：
2　水のエレメント

占星術：
蟹座の金星

生命の樹：
コクマー（知恵）

今日の運勢

今日は深い愛情を感じることができそう。心をオープンにすれば、新しい恋のチャンスに恵まれるでしょう。また、すでに恋人がいる人は、愛にあふれた幸せな時間を過ごせそうです。ただし、幸運がやってくるのをじっと待っているだけではダメ。自分から動けば、愛の女神があなたにほほ笑んでくれるでしょう。

Theme
2つの魂が1つに融合する

2は「言葉と意志」を表す数です。分裂したものを統一し、愛を取り戻す力があります。このカードは、男性と女性の調和と、「意志の下の愛」を表現しています。それは完全な調和であり、うっとりするような幸福感を放つものです。

占星術では、蟹座の金星に対応します。蟹座は包容力や母性に富んだ星座で、金星は愛と美の惑星です。温かく優しい愛情を意味しています。

2つのカップには、海の上に浮かぶハスから透明な水が勢いよく注がれています。たっぷりの水があふれるカップは、豊かな愛情のシンボルです。静かな海と青い空は、平和の象徴です。

水を噴き出しているハスは、もう1つのハスと茎でつながっています。連結した2つのハスの花は、調和的な発展や幸せな関係を表しています。

ハスの茎の周りには、一対のイルカがからまっています。イルカは錬金術の神聖なシンボルで、愛、融合、心の絆を表しています。

カップ

全体	愛、幸福、喜び、調和、協力、和解
仕事	快適な職場環境、見事なチームワーク、顧客と良い関係を築く、他社と提携する
恋愛	恋に落ちる、ロマンティックな関係、深い愛情、2人だけの世界、結婚
勉強	好きなことを学ぶ、研究に情熱を注ぐ、音楽・美術・美容の学校に通う
健康	体をいたわる、リラックスする、療養する
お金	裕福、お小遣いやプレゼントをもらう
人間関係	篤い友情、強い絆、ソウルメイト
人物の特徴	愛情深い人、思いやりがある人、穏やかな人
アドバイス	愛情あふれる関係を築こう
注意点	人に合わせ過ぎて、自分の信念を曲げないように

カップの3　【Abundance 豊潤】
アバンダンス

> *Keyword* キーワード　～ 豊潤 ～

数とエレメント：
3　水のエレメント

占星術：
蟹座の水星

生命の樹：
ビナー（理解）

今日の運勢

今日は素晴らしい1日になりそう！　家族や友達や恋人など、愛する人達と一緒に、充実した時間を過ごせる日です。与えられたチャンスを生かし、人生を楽しみましょう。そして、何かうれしい出来事に恵まれたら、その幸運に感謝すること。その喜びを周りの人達と分かち合えば、もっと幸せな気持ちになれるでしょう。

Theme
深い感謝の気持ちで満たされる

　このカードは「水」のスートにおけるビナーに対応します。ビナーの特性を示す暗く穏やかな海からハスの花が立ち上がり、たっぷりの水をカップに注いでいます。金色のハスの花は、魂の愛のシンボルです。

　あふれるカップは、愛と喜び、心が赴くままにしておくことを表しています。ハスの茎から湧きあがる深い青色の水は、豊穣の源です。

　占星術では、蟹座の水星と対応します。水星は言葉を司る惑星で、受容性の高い蟹座に影響を与えています。人の言葉を素直に受け入れる力があるのと同時に、甘い言葉に惑わされやすいことを暗示しています。

　カップを形作るザクロは、豊穣のシンボルです。また、ザクロはギリシア神話の女神ペルセポネーが冥界で食べた果物です。その実を食べたために、冥界の王ハデスは彼女を冥界に閉じ込めることができました。その逸話から、このカードは、「人生において都合の良いことは、疑ってかかるべきだ」という教訓を示しています。

カップ

全体	豊潤、豊穣、愛情、満足、楽しみ、喜び、感謝、健康、祝福
仕事	うれしい仕事、チームワークの良い職場、喜んで働く、成功しそうなプロジェクト、条件の良い契約
恋愛	愛情が芽生える、心惹かれる相手と出会う、愛し合う、結婚
勉強	恵まれた学習環境、勉強する時間がたっぷりある
健康	健康な状態、食べ過ぎ、肥満
お金	裕福、貯金がたっぷりある、おごる
人間関係	心が通い合う、尊敬し合う、素晴らしい仲間
人物の特徴	優しい人、寛大な人、温かい人、裕福な人、お人好し
アドバイス	身の回りのすべてのものに感謝しよう
注意点	ぬか喜びや早合点をしないように

カップの4　【Luxury 贅沢】

Keyword キーワード ～ 贅沢 ～

数とエレメント：
4　水のエレメント

占星術：
蟹座の月

生命の樹：
ケセド（慈悲）

今日の運勢

優雅な気分で過ごせる日です。リラックスする時間を作り、楽しいことをしましょう。明日解決できる問題は後回しにしてOK。また、今日はたくさんの素晴らしいギフトに恵まれる兆しもあります。心踊る経験ができることを喜び、幸せを実感できそう。心に余裕ができると、他の人にも優しい気持ちで接することができるでしょう。

Theme
快楽の中にある堕落の種に気付く

　このカードは「水」のスートにおけるケセド(慈悲)に関連します。水のエネルギーはバランスを保ち安定していますが、その純粋さはすでに失われています。

　占星術では、蟹座の月と関連します。月は蟹座の守護惑星であり、そのパワーが最も強く働きます。しかし、穏やかな蟹座は、欲望に流されやすい傾向もあります。これは快楽が堕落につながる不安を暗示しています。

　カードの最上部に描かれた赤いハスは何本もの茎を持ち、しっかりと根付いています。4つのカップは聖杯となり、赤いハスから水を注ぎ込まれています。満たされた聖杯は、感情が安定し、豊かな気持ちになっている状態を表しています。

　カップを支える四角形の台座は、しっかりした土台と基礎力を表しています。しかし、海の表面は波立ち、その上に立つ4個のカップはもはや安定していません。暗い灰色の空は、無意識の不安を暗示しています。

カップ

全体	贅沢、啓発、快適、安心感、人生を楽しむ
仕事	割の良い仕事、快適な仕事環境、家庭的な雰囲気の職場、条件の良い契約、仲の良いチーム
恋愛	幸せな恋愛、仲良しカップル、恋人に甘える、ゴージャスなデート、惰性で付き合う、恋人に貢ぐ
勉強	高い学費、ハイレベルの教育、長い学生生活
健康	健康に投資する、高度な医療を受ける
お金	贅沢する、金に糸目をつけない、資金援助、ラクして儲ける
人間関係	助け合う、甘やかす、仲間割れする
人物の特徴	寛大な人、リッチな人、ルーズな人、浪費家
アドバイス	優雅で贅沢な時間を楽しもう
注意点	すべてがうまくいくだろうと、甘い期待を抱かないように

カップの5 【Disappointment 失望】
(ディスアポイントメント)

Keyword キーワード 〜 失望 〜

数とエレメント：
5　水のエレメント

占星術：
蠍座の火星

生命の樹：
ゲブラー（正義）

今日の運勢

今日はガッカリするような出来事が起こる暗示。あなたが楽しみにしていることや、そうなって当然だと思っていることが、期待ハズレな結果になりそう。そんなときは、落胆を隠さず、「自分の望んでいたことがダメになった」という事実を受け止めましょう。そうすれば、再び地に足を着けて前進することができるでしょう。

Theme
腐敗から育つ再生力を認識する

　このカードは、「水」のエレメントのゲブラーに関連しています。ゲブラーは激しい性質なので、穏やかな状態のときに突然、妨害が起こります。

　占星術では、蠍座の火星に対応します。蠍座のネガティブな側面が強調されると、水の腐敗力によって破壊が始まります。そのため、予期した快楽は裏切られる結果となります。また、蠍座の火星はジオマンシー（土占術）の「ルベウス」に関連します。これはとても不吉な前兆です。

　2つのハスの花は、激しい風によって花弁を引き裂かれ、すっかりしおれてしまいました。これは、色あせた愛を暗示しています。

　海は乾いてよどみ、死の海と化しています。全く水が注がれずカラっぽになったカップは、不毛な状況を表しています。その上、これらのカップは逆五芒星の形に配置されていて、物質が魂に勝利することを暗示しています。

　カード下部に描かれた蝶の形をしたハスの花の茎は、変容の力のシンボルです。背景の青色と赤色の空は、怒りと危険の象徴です。

全体	失望、落胆、後悔、頓挫、憂うつ、自信喪失、痛み、変容、危機
仕事	失業、クビ、左遷、仕事で失敗する、契約の打ち切り
恋愛	失恋、恋人にガッカリする、関係がギクシャクする、別れの予感
勉強	学校の勉強についていけない、受験資格がない、不合格、ムダな努力
健康	体調不良、病気が長引く、既往症
お金	貧乏、収入ダウン、借金、金策の当てが外れる
人間関係	裏切り、ケンカ、ダマされる
人物の特徴	暗い人、落ち込んでいる人、ネガティブな人
アドバイス	不安や失望と向き合おう
注意点	過度な期待を抱かないように

カップの6 【Pleasure 快楽】

Keyword キーワード ～ 快楽 ～

数とエレメント：
6　水のエレメント

占星術：
蠍座の太陽

生命の樹：
ティファレト（美）

今日の運勢

思わず踊り出したくなるような、素晴らしい1日になりそう！ あなたが長年抱いてきた希望を叶えるチャンスに恵まれるでしょう。楽しいことや、うれしいことがあったら、その感動を素直に表現してみて。難しい局面を乗り越えることができたら、周りの人とお祝いをしましょう。そして、自分にたっぷりご褒美をあげましょう。

Theme
喜びの種を見つける

　このカードのキーワードである「快楽」は、最高に幸福な状態を表しています。それは、努力や緊張を伴わない自然な力の調和であり、喜びや満足を意味します。

　このカードは、「水」のスートにおけるティファレト（美）と対応し、占星術では蠍座の太陽と関連します。激しい太陽の力は腐敗作用を引き起こしますが、それはあらゆる生命の基盤となり、結果的に豊穣をもたらします。

　オレンジ色のハスの花々は、踊りながら群れ集まっています。これは、生きる喜びと生命力を表しています。また、蝶々のような動きをするハスの茎は、解放された力のシンボルです。

　ハスの花からカップに、勢いよく水が流れ込んでいます。満たされたカップは、満足や安堵（あんど）の象徴です。ただし、カップは水があふれるほどいっぱいになっていません。これは、物質的な快楽には限界があることを暗示しています。

　背景の明るい青色の空は、平和な環境を表しています。

カップ

全体	快楽、喜び、満足、幸福、成功、幸運、快適、余裕、安堵、回復、魂の覚醒
仕事	天職、楽しんで働く、やりがいのある仕事、実力を発揮する、ラクな仕事、仕事をサボる
恋愛	ウキウキする出会い、幸せな恋愛、官能的な出来事、性的な満足
勉強	学ぶ喜びを実感する、余裕で合格する、好きなことを研究する
健康	体調良好、病気が快方へ向かう、評判の良い病院に通う
お金	ラクして稼ぐ、臨時収入、懸賞やクジに当たる
人間関係	気楽な付き合い、気の合う仲間、楽しいグループ、意気投合する
人物の特徴	のんきな人、ユーモアのある人、チャラチャラした人
アドバイス	開放的な気分で、心の底から楽しもう
注意点	現状に満足してルーズにならないように

カップの7 【Debauch ディボーチ 堕落】

Keyword キーワード ～ 堕落 ～

数とエレメント：
7　水のエレメント

占星術：
蠍座の金星

生命の樹：
ネツァク（勝利）

今日の運勢

誘惑に心を動かされそう。ただし、当てにならない希望は幻想でしかありません。魅力的に見えるものは、一瞬の夢を見せてくれるだけです。大きく目を見開き、冷静に状況を見極めて、あなたをダメにする甘い誘惑から逃れましょう。特に、怪しい儲け話、アルコールやドラッグなど、依存性の強いものには要注意。

Theme
探求と依存の違いを学ぶ

このカードは、「水」のスートのネツァク（勝利）に関連します。生命の樹において、ネツァクは中央の柱から離れているため、アンバランスで脆弱（ぜいじゃく）な性質があります。

占星術では、蠍座の金星に関連します。金星は蠍座にいると、その影響がネガティブに出てきて、「外見は華麗だが中身は堕落している」という状態に陥りがちです。

ハスの花は、毒を持つ鬼百合に変わってしまいました。鬼百合からは、緑色の粘液があふれ出して、カップを満たしています。これは、不吉、邪悪、誘惑を暗示しています。

海は毒気のある沼地に変わり、破壊の危険性を暗示しています。「安易な気持ちで快楽を追求すると、大切なものを失う」という警告です。

7つのカップは下向きの三角形が2つ重なった形で配置されています。最も大きい一番下のカップからも、毒々しい液体があふれています。これは、腐敗と堕落の象徴です。

背景は灰色と緑色の空で、空気が汚染された様子を表しています。

カップ

全体	堕落、危険な誘惑、依存、耽溺（たんでき）、災害、嘘、詐欺、不幸
仕事	遅刻や欠勤を繰り返す、仕事のライバルを中傷する、闇取引、事業の失敗、ブラック企業、職場内不倫
恋愛	険悪なカップル、恋人を束縛する、恋人に依存する、不倫、結婚詐欺
勉強	勉強をサボる、カンニング、落第
健康	運動不足、暴飲暴食、依存症（スイーツ、アルコール、タバコ、ドラッグなど）
お金	怪しい儲け話に乗る、投資の失敗、万引き、窃盗
人間関係	従属関係、依存、悪い交友関係、利用される
人物の特徴	ルーズな人、信用できない人、落ちぶれた人
アドバイス	状態を冷静に見極めよう
注意点	誘惑に負けて現実逃避をしないように

カップの8 【Indolence 怠惰】
（インドレンス）

スモールカード

Keyword キーワード ～ 怠惰 ～

数とエレメント：
8　水のエレメント

占星術：
魚座の土星

生命の樹：
ホド（栄光）

今日の運勢

今日はメチャクチャな1日になりそう。たとえそれが自分のミスじゃなくても、どうにか対処する必要があります。状況はかなり混乱しているので、できるだけ早く泥沼から抜け出しましょう。ただし、あいまいなままにせず、混乱の原因を突き止めることを忘れずに。そうすることで、将来同じミスが起こるのを防ぐことができるはず。

Theme
自分のあやまちに気付く

　このカードは「水」のスートのホド（栄光）に関連します。1つ前の「カップの7」のカードに描かれた「堕落」の結果を表しています。

　占星術では魚座の土星に関係します。土星の影響で魚座が司る穏やかな水がよどみ、流れが止まっています。

　太陽の光と雨の水が不足しているので、ハスの花はしおれてしまいました。有害な土壌の中、2つの茎がかろうじて花を咲かせています。これは、エネルギーが欠如している状態を表しています。

　カップは浅く、古びて壊れています。3列に配置されていますが、上の列の3つはカラっぽです。2つのハスの花からしたたり落ちた水は、中央の列の2つのカップに入りますが、それらを満たしてはいません。生命力の不足を表しています。

　背景の暗く濁った水たまりは、汚染で荒廃しています。また、水平線にはくすんだ光が差し込み、濃藍色の重苦しい雲がのしかかっています。これらは、憂うつな気持ちと未来への不安の暗示です。

カップ

全体	怠惰、落胆、放棄、断念、弱体化、無気力、不健全
仕事	当てもなく会社を辞める、仕事をサボる、ひどい職場環境、ニート
恋愛	恋愛に興味を失う、恋人に失望する、腐れ縁、あいまいな関係、不倫
勉強	勉強をサボる、ドロップアウト、中退
健康	不健康、不衛生、依存症、病気が慢性化する
お金	無収入、ギャンブルにハマる、人にお金をせびる
人間関係	恩を仇で返す、約束を守らない、依存する
人物の特徴	怠惰な人、無気力な人、時間やお金にルーズな人
アドバイス	泥沼から抜け出す努力をしよう
注意点	成功の見込みがないことにこだわらないで

カップの9 【Happiness ハピネス 幸福】

Keyword キーワード 〜 幸福 〜

数とエレメント：
9　水のエレメント

占星術：
魚座の木星

生命の樹：
イエソド（基礎）

今日の運勢

今日は幸運に恵まれています！　そのチャンスを存分に生かせば、思い切り笑うことができるでしょう。物事がとてもスムーズに進み、あなたに有利な方向に動きます。また、長くやり遂げようと思っていたことを完成させるにも良いタイミングです。あなたの幸運を他の人達と分かち合えば、さらに幸せな気分になれるでしょう。

Theme
喜びで心が満たされる

　このカードは、完璧な「水の根源の力」を表しています。生命の樹では、水のスートにおける9の数、イエソド（基礎）と関連します。中央の柱から逸脱したネツァクやホドが失った「安定性」を回復させる力があります。

　9は月を表す数であり、水の力を強めます。占星術では、魚座の木星と関連し、共感と祝福を象徴しています。

　9つのカップには水がたっぷり注がれ、喜びが満ちあふれていることを表しています。四角形にきちんと配列されたカップは安定のシンボルです。

　また、このカップの配列は、ジオマンシー（土占術）の「ラエティーシャ」の形を連想させます。喜びやうれしさを表すラエティーシャは、16種類あるジオマンシーの結果の中では、最良で最強のものです。

　背景の青い空は、自信と平和を表しています。また、静かな海は、安定した感情とバランスのシンボルです。

全体	幸福、祝福、楽観、温厚、成功、希望、貴重な経験、チャリティ
仕事	仕事を楽しむ、希望する企業への就職・転職が決まる、昇進、仕事の成果が出る、有利な契約を結ぶ
恋愛	幸せな恋愛、好きな人と結ばれる、片想いが実る、結婚する
勉強	合格する、学習の成果が出る、優秀な成績を収める
健康	心身共に健康、体力に自信がある、病気が全快する
お金	高収入、満足な金額を得る、賞金をもらう、寄付する
人間関係	円満な関係、良縁に恵まれる、親友
人物の特徴	幸せな人、にこやかな人、優しい人、思いやりのある人
アドバイス	幸運を喜び、明るい未来を信じよう
注意点	幸運を自慢しないように

カップの10 【Satiety 飽満】

スモールカード
サタイエティ

Keyword キーワード 〜 飽満 〜

数とエレメント：

10　水のエレメント

占星術：

魚座の火星

生命の樹：

マルクト（王国）

今日の運勢

楽天的に過ごせる1日です。少しくらいワガママになってもOK。自分を甘やかしてあげましょう。そして、あなたにとって一番良いと思うことをやってみて。実際に何かをやり遂げたら、その成功を喜びましょう。自分にご褒美をあげるのもオススメです。最後に、あなたを支えてくれる人々や環境に感謝することを忘れずに！

Theme
最高潮に向かって上昇する

このカードは、マルクト（王国）の影響を受けています。水のエレメントの仕事が完成したことを示していますが、そのエネルギーは過剰で、争いの種を含んでいます。

占星術では、魚座の火星と関連します。カードの赤い背景と羊の角で作られたカップの取っ手は、火星の性質を示しています。それは、すべての完成したものを攻撃する、荒々しく破壊的なエネルギーです。それは、魚座の平和なエネルギーとは対照的です。

10個のカップの配列は「生命の樹」の形と同じです。これは、感情の調和と深い満足感を表します。ところが、カップは不安定に揺れ動いており、これから変化が始まることを暗示しています。

背景には、巨大な赤いハスが描かれています。ハスは「生命の樹」の端から端まで覆いかぶさるように立っていて、10個のカップに水を注ぎ込んでいます。これは、包容力と愛情のシンボルです。

カップ

全体	飽満、満足、上昇、完成、成功、褒美、退屈、浪費、依存
仕事	仕事の成功、好条件の取引、働きやすい職場環境、円満退職、飽満経営、成長の見込みがない会社
恋愛	幸せで満ち足りた恋愛、恋人の世話を焼く、恋人に依存する、惰性で付き合う、マンネリ
勉強	余裕で合格する、自分よりレベルの低い学校やクラスに入る
健康	運動不足、肥満、暴飲暴食、健康診断の検査数値が高い
お金	お金がありあまる、あぶく銭、浪費、不労所得
人間関係	楽しいグループ、パーティー仲間、慣れ合いの関係
人物の特徴	魅力的な人、太っ腹な人、ワガママな人
アドバイス	幸せな時間を楽しもう
注意点	テンションが上がり過ぎて、その後で落ち込まないように

ソードの騎士 【Knight of Swords】
ナイト・オブ・ソード

Keyword キーワード ～ 攻撃 ～

エレメント：
風の宮の火

占星術：
牡牛座20度〜双子座20度

生命の樹：
コクマー（知恵）

今日の運勢

ゴールに向けてまっすぐシュートを打てる日です。今日のあなたは愛嬌とウィットに富んでいます。理性的な判断に基づいて、計画を実行に移すことができるでしょう。頭をフル回転させれば、長い間保留になっていた問題も解決できるはず。ひとりで対処するのが難しい問題は、専門家にアドバイスを求めるとよいでしょう。

Theme
アイデアを発揮し、新しいゴールを目指す

　「風の宮の火」と対応するソードの騎士は、天空を駆け下りる「大嵐の神」。激しい風と嵐の力を象徴しています。彼が表す概念は「攻撃」で、背景の鮮やかな青と白の天空は、アグレッシブな嵐のパワーを表しています。

　騎士のヘルメットのてっぺんには透明の羽が付いていて、プロペラのように回転しています。これは、彼の俊敏で柔軟な様子を示しています。

　彼は片手に剣、もう一方の手には短剣を持っています。どちらも、優れた思考力と決定力のシンボルです。剣と短剣で嵐に立ち向かう緑色の騎士は、燃えたぎる情熱を客観的な思考力でクールダウンさせながら、目標達成へ向けて一直線に向かっています。

　騎士がまたがっている金の馬は、最高の叡智と理解力のシンボルです。騎士と馬が一体化している様子は、精神と直感のパワフルなつながりを表しています。群れを成して騎士と同じ方向へ飛ぶツバメは、目的意識がハッキリしていることを示しています。

全体	攻撃、認識、洞察、知性、客観的、衝動的、多芸多才、活動的、鋭敏、焦燥感、計算高い、軽率
仕事	斬新なビジネス、戦略的なアプローチ、アナリスト、コンサルタント、仕事のライバルと戦う
恋愛	積極的にアプローチする、出会ってすぐ交際する、試しに付き合う、期間限定で交際する、三角関係
勉強	計画的に勉強する、答えをひらめく、不合格だった学校や試験にリベンジする
健康	若返る、活力が湧く、イキイキする、怪我をする
お金	頭を使って稼ぐ、賢く投資する、デイトレーディング
人間関係	サッパリした関係、言いたいことをズバッと言い合える仲
人物の特徴	行動的な若い男性、器用な人、利口な人、雄弁な人、自己中心的な人、決断力のない人
アドバイス	冷静な視点を持ち、客観的に考えよう
注意点	思い込みに惑わされないように

ソードの女王 【Queen of Swords】
クイーン・オブ・ソード

Keyword キーワード ～ 賢明 ～

エレメント：
風の宮の水

占星術：
乙女座20度～天秤座20度

生命の樹：
ビナー（理解）

今日の運勢
今日は、素晴らしいアイデアをひらめきそう。頭の中をクリアにし、白黒ハッキリ結論づけることで、自信が出てくるでしょう。陰でコソコソ策略を練ったり、自分勝手なアプローチをしたりせず、正々堂々とした言動を心がけて。今日のラッキーパーソンは知的な女性。彼女の発言をしっかり聞いておくと役に立ちそう。

Theme
思い込みから自由になり、魂を解放する

　ソードの女王は、雲の山の頂にある王座に座っています。「風の宮の水」を表す彼女は明確な意識の持ち主で、精神の解放者です。知覚がピークに達し、クリアな理念を持っていることを表しています。

　彼女の上半身は裸で、きらめくベルトと腰布を身に付けています。王冠の飾りとなっている子供の頭は、再生力の象徴です。王冠からは鋭い光線が何本も流れ出て、天の雫からなる彼女の帝国を照らしています。

　右手の剣は、鋭くクリアな精神のシンボルです。左手には、切り取ったばかりの、ひげを生やした男の頭を持っています。ソードの女王は、冷静な観察力と公正な視点で偽物を突き止め、退治しているのです。男の怖い表情は、依存状態からの解放と魂がカラっぽになっている様子を表しています。

　背景にある濃い青の空は、彼女が頭脳明晰であると同時に、情け深い心の持ち主であることを表しています。

全体	賢明、頭脳明晰、豊かなアイデア、知性、独立心、公正、解放、性急
仕事	自信を持って仕事する、交渉する、独立する、データを分析する、ライバルと競う、不適切な援助、リストラ
恋愛	シングルの状態を楽しむ、自由な恋愛、フェアな関係、事実上のパートナー、魅力的な女性にダマされる、意外な人から告白される
勉強	正攻法で勉強する、自信満々で試験を受ける、過去問を解く、直感で解答する、苦労して独学する
健康	カロリー計算する、体を動かす、自分に合う健康法を見つける
お金	賢くお金を使う、値切る、価格交渉する、無駄遣いする
人間関係	勉強仲間、お互いに独立した関係、クールな関係
人物の特徴	洞察力に優れた女性、クールビューティー、優雅な人、論理的な人、個人主義者、陰険な人、厚かましい人、信用できない人
アドバイス	計画を立てて、確実な道を歩もう
注意点	計算尽くで行動しないように

ソードの王子 【Prince of Swords】
プリンス・オブ・ソード

Keyword ～ 知性 ～

エレメント：
風の宮の風

占星術：
山羊座20度～水瓶座20度

生命の樹：
ティファレト（美）

今日の運勢

今日は頭が冴えて、良いアイデアがたくさん浮かびそう。会議やプレゼンでキレのある意見を披露できるでしょう。ただし、職場以外の場所でビジネスライクな態度を取ると、「冷たい人」だと思われがち。笑顔を大切にしましょう。また、今日は駆け引きのコツを良く知る有能な人物と出会う予感。その人があなたの力になってくれそうです。

Theme
知恵を絞り、自分の頭で考える

　ソードの王子は、戦車に乗った緑色の男性の姿で描かれています。右手には創造力の剣を振りかざし、左手には破壊力の鎌を持っています。自分が作るものを即座に破壊する様子を表しています。その姿からは、葛藤や焦りが感じられます。

　王子の戦車を引くのは、翼の付いた子供達で、好きな方を向いて気まぐれに飛びはねています。釣り合ってない状態で戦車を引く様子は、アイデアがまとまる前に思考が先走ることを暗示しています。また、動かすのは簡単でも、決まった方向へ進めることは不可能な戦車は、意のままにならない「心」を表しています。2つのピラミッドがある緑色の天球は、思考力、批判精神、理性のシンボルです。

　このカードに描かれた数々の幾何学的な模様は、彼の論理的な精神の働きを示しています。しかし、そこには明確な計画や目的がありません。大小の黄色のディスクは知性を刺激するもので、光は内面の葛藤を表しています。

全体	知性、聡明、雄弁、合理的、独立、軽妙、皮肉、狡猾
仕事	素早い決断、斬新なアイデア、イノベーション、デイトレーダー、コンサルタント、知識は豊富だが経験不足、コンセプトの欠如
恋愛	頭で恋愛する、条件で相手を選ぶ、焦って付き合う、愛情表現が乏しい、すぐに別れる、相手を振り回す
勉強	知識を詰め込む、一夜漬け、まぐれで合格する
健康	神経質になる、偏頭痛、眼精疲労、依存症
お金	無駄遣い、お金をばらまく、ケチ、小銭を稼ぐ
人間関係	仕事・勉強仲間、理系の集団、意見を戦わせる関係
人物の特徴	知的な若い男性、若いリーダー、批判的な人、身勝手な男性、信用できない人、だまされやすい人、八方美人
アドバイス	好奇心旺盛になって、考えることを楽しもう
注意点	失敗するリスクを心配し過ぎないように

ソードの王女 【Princess of Swords】
プリンセス・オブ・ソード

Keyword ～ 論理 ～

エレメント：
風の宮の地

占星術：
占星術との対応なし
南北アメリカの天空

生命の樹：
マルクト（王国）

今日の運勢

今日のあなたは心が激しく動きそう。感受性が豊かになりますが、同時に繊細で傷つきやすくなっています。ネガティブな気持ちに支配されないよう、悩みの種を手放しましょう。人の意見をうのみにするだけでなく、自分の頭で論理的に考えること。それはあなたが成長するための良い機会になるはずです。

Theme
古い思考パターンと論理的に向き合う

「風の宮の地」に対応するソードの王女は、不安定な要素の定着と、アイデアの具体化を象徴しています。彼女は、ミネルヴァ（ローマ神話の知恵の女神）、アルテミス（ギリシア神話の狩猟の女神／月の女神）、ヴァルキューレ（北欧神話の戦の女神）でもあります。

女戦士として描かれた「王女」は衝動的かつ破壊的です。その性格は厳しく、押しが強いところがある一方、知恵と手際のよさを十分に備えています。

彼女のドレスは柔軟性、回転する透明の羽はスピード感を表し、風のエレメントの特徴を表現しています。かぶとの羽飾りは蛇の頭髪のメデューサで、神の怒りを表しています。

暗く立ち昇る雲の中には、略奪されて荒れ果てた祭壇があります。ソードの王女は、神聖を汚されたことを復讐するかのように、その前で剣を振りかざしています。

暗い天と雲は王女の故郷であり、彼女の心が怒りと不安で激しくかき乱されていることを表しています。

全体	論理、才気、知性、頭脳明晰、聡明、器用、リフレッシュ、刺激、不屈の精神、攻撃、挑発、復讐、口論
仕事	地位を争う、葛藤する、同僚と衝突する、上司に反抗する
恋愛	友情が愛情に発展する、恋人を尊敬する、女性がリードする、最悪な出会い、険悪なムードが漂う、口ゲンカ、恋人を裏切る
勉強	理論立てて考える、頭が混乱する、知識が身につかない
健康	イライラする、神経症、過度なダイエット
お金	ギブ・アンド・テイク、大盤振る舞いをする、おごる
人間関係	女性ばかりの集団、ライバル同士、本音で話せる関係、親との確執
人物の特徴	知的な若い女性、憧れの女性、アネゴ肌の上司や先輩、気の強い女性、クールな人、厳しい人、軽薄な人、反逆者
アドバイス	冷静かつ慎重に物事を判断しよう
注意点	厳しい言葉で人を批判し過ぎないように

ソードのエース【Ace of Swords】エース・オブ・ソード

Keyword キーワード 〜 風の力の根源 〜

数とエレメント：
エース（1）風のエレメント

占星術：
風のサイン
（双子座、天秤座、水瓶座）

生命の樹：
ケテル（王冠）

今日の運勢

今日は、素晴らしいアイデアがひらめきそう！　長い間あなたを悩ませている面倒な問題を解決するチャンスです。目を大きく見開き、意識のアンテナを張り巡らせて、そのヒントをキャッチしましょう。納得できる結論を出すことができるはず。また、ずっと前に解決すべきだったことにも、決着をつけることができるでしょう。

Theme
知性を発揮し、決定的な一歩を踏み出す

このカードは、風のエレメントの根源的なエネルギーを表し、「知性」を象徴しています。

カードの真ん中を下から上へと貫く緑のソード（剣）は、すべてを受け入れる精神力のシンボルです。その刃に刻まれた"Θελημα"はギリシア語の"Thelema（セレマ）"で、「意志」という意味です。クロウリーはその著作『法の書』において、「汝の意志することを為せ、それが法のすべてとならん」「愛は法なり、意志の下の愛こそが」と書き記しました。その言葉は、彼が「セレマ」と呼ぶ宗教・哲学体系の土台である「セレマの法」となりました。

剣の上にある王冠は22本の光線を放ち、「輝く知恵」を表しています。その数はアテュ（大アルカナ）の22枚と同じです。

蛇と2つの三日月が付いた剣の柄は、無意識と意識をつなぐ知性のシンボルです。空を輝かせる太陽の光は、クリスタルの形になっています。魂の啓蒙と覚醒を表しています。

ソード

全体	知性、知的好奇心、探究心、思考力、判断力、決意
仕事	知識と分析力が必要な職業（教師、研究員、アナリストなど）、データを分析する、論理的なプレゼンをする、新しいプロジェクトを企画する、問題の解決策を見つける、キャリアプランニング
恋愛	勉強仲間と交際する、職場恋愛、クールな関係、同志的なカップル、何でも言い合える関係、誠実な交際
勉強	理解力がアップする、問題がスラスラ解ける、論理的な思考力が身につく
健康	カロリー計算、体重やサイズを測る、精密検査を受ける、専門医の診察を受ける
お金	計画的に貯金する、収支のバランスを考える、価値あるものに投資する
人間関係	ビジネスライクな関係、アドバイスし合う仲、干渉しない間柄
人物の特徴	頭の回転が速い人、切れ者、理系の人、研究者
アドバイス	物事の本質を理解した上で決定しよう
注意点	細かいことを気にしないように

ソードの2 【Peace 平和】

Keyword キーワード 〜 平和 〜

数とエレメント：
2　風のエレメント

占星術：
天秤座の月

生命の樹：
コクマー（知恵）

今日の運勢

穏やかな気分で過ごせる1日です。何か問題があるなら、自分からアクションを起こしてみて。フェアな態度で交渉し、問題が丸く収まる方法を考えましょう。ただし、「見せかけの平和」で妥協しないこと。誰も損することのない、真の解決策を見つけましょう。「本物の平和」が訪れたときに初めて、心がホッとするでしょう。

Theme
心の平和を体験する

　このカードは「風」のコクマー（知恵）に対応し、風のエレメントのポジティブな力を表しています。そのエネルギーは崩壊せずに持続します。その穏やかさは、このカードの占星術的なシンボルである「天秤座の月」によって強調されます。

　月は「変化」を表す惑星ですが、その本質は「平和」です。また、天秤座は「バランス」を象徴します。その２つの間で「風」のエネルギーが調整されて、穏やかさを保っているのです。カードの上下にある２本の小さな剣にも、三日月と天秤座のシンボルがついています。

　カードの中央で交差する大きな２本の剣は、武器を下ろして平和な状態が訪れることを表しています。２本の剣を統合する５つの花弁を持つ青いバラは、慈悲と平和、母の影響のシンボルです。バラは白い光線を放射し、バランス感覚を強調する幾何学模様を生み出しています。

　緑色と黄色の背景は、相反する意見の間で感情の葛藤が起こる様子を暗示しています。

ソード

全体	平和、平穏、リラックス、バランス感覚、熟慮、公平、統一、約束
仕事	フェアな契約、戦略的なビジネス、オンとオフのバランスを取る、仕事のトラブルを解決する
恋愛	穏やかな恋愛、優しい恋人、仲良しカップル
勉強	静かな学習環境、勉強に専念する、役に立つ研究成果
健康	健康を保つ、安静にする、小康状態
お金	生活するのに十分なお金がある、裕福、援助、寄付
人間関係	意気投合、対等な関係、仲直り、助け合う
人物の特徴	穏やかな人、優しい人、平和主義者、仲裁者
アドバイス	公平な方法で問題を解決しよう
注意点	「見せかけの平和」にだまされないように

ソードの3 【Sorrow ソロー 悲しみ】

Keyword キーワード ～ 悲しみ ～

数とエレメント：
3　風のエレメント

占星術：
天秤座の土星

生命の樹：
ビナー（理解）

今日の運勢

今日は、苦い気分を味わうことになるでしょう。面倒なことに巻き込まれたり、イヤな経験をする羽目になりそうです。また、厳しい指摘をされたり、心苦しい決断を迫られたりするかもしれません。苦手な取引先への連絡から歯医者の予約まで、気が重い用事は早めに済ませるのが正解。腹をくくって実行すれば、気が楽になるでしょう。

Theme
心の痛みや現実の厳しさに向き合う

　このカードは、風のエレメントのビナー（理解）に関連しています。ここでのビナーは、ケテルとコクマーとの三位一体を完成する「慈悲深い母」ではありません。自然の秩序を脅かす「暗黒の海」を表しています。

　占星術では、天秤座の土星に対応しています。天秤座の土星が支配力を持つことによってビナーの暗黒は強調され、耐えがたい状態になっています。

　カードには、強力な1本の剣と曲がった2本の短剣が描かれています。強力な剣は魔術師の偉大な剣であり、先端がカードの上に向いています。それは、2本の短剣の結合を断ち切ります。パワフルな洞察力と、それを上回る理解力を表しています。

　その衝撃で、黄色のバラの花びらが散っています。知識が心を打ち負かし、美しさと調和を破壊した様子を示しています。

　背景では嵐がそっと忍びよっています。真っ暗な空が、恐ろしい予感と混沌とした状態を暗示しています。

全体	悲しみ、不幸、憂うつ、落胆、絶望、混沌、喪失、幻想
仕事	失業、就職浪人、転職の失敗、リストラ、破産、契約の打ち切り
恋愛	失恋、欲求不満、破局、恋人に失望する、恋のライバルに負ける
勉強	不合格、勉強する気を失う、不登校、落第
健康	体調不良、闘病、うつ
お金	貧乏、金策に走る、ワーキングプア
人間関係	裏切られる、利用される、だまされる
人物の特徴	悲壮感の漂う人、落ち込んでいる人、卑屈な人
アドバイス	イヤな事実にもしっかり目を向けよう
注意点	見通しが甘過ぎて、後から落胆しないように

ソードの4 【Truce トゥルース 休戦】

Keyword キーワード ～ 休戦 ～

数とエレメント：
4　風のエレメント

占星術：
天秤座の木星

生命の樹：
ケセド（慈悲）

今日の運勢

平和を過信するのをやめましょう。目の前にある問題は解決できそうですが、今後も同じように丸く収まるとは限りません。たとえ混乱を受け入れる心の準備ができていたとしても、再びトラブルが起きたら、それをやり過ごすことはできないでしょう。今日こそ、しっかり頭を使って、根本的な問題の解決方法を見つけましょう。

Theme
休戦は平和ではないことを知る

このカードは4番目のセフィラであるケセド（慈悲）に関連しています。占星術では、天秤座の木星と関連します。これは、精神的な避難所を象徴しています。怠惰や不安から守りに入り、しっかりした解決策を考えることができません。その結果、妥協案を喜んで受け入れる様子を示しています。

4本の剣の柄は、セント・アンドリューの十字架の四辺に置かれています。犠牲と殉教者の苦難を表します。4本の剣が作り出すX字型は、これ以上、悪くもならないし、発展することもない、硬直した状態を表しています。

これらの剣は、49の花弁を持つ大輪のバラに納まっています。バラは、愛と美と平和のシンボルです。剣の先端がバラの花の中央で一致している様子は、集中力を発揮した結果の思考停止を表します。それは、妥協による休戦です。

背景の青色は、明晰な頭脳を象徴します。一方、網目状にからまった黄色の星模様は、複雑な問題を解明しようと考える様子を表しています。

全体	休戦、休息、妥協、臆病、孤独、見かけだけの平和、一時避難、嵐の前の静けさ
仕事	休職、出社拒否、一時しのぎのバイト、自宅待機、未来がない職種
恋愛	恋愛を休む、恋人と距離を置く、自然消滅
勉強	スランプに陥る、勉強を中断する、自分の実力を知る
健康	休息する、小康状態、リハビリする、薬で痛みをまぎらわせる
お金	定期収入がなくなる、貯金を崩す、投資を中断する
人間関係	距離を置く、ケンカを中断する、連絡を絶つ、媚びる
人物の特徴	気の弱い人、諦めの早い人、主体性のない人
アドバイス	問題解決のために、いったん妥協しよう
注意点	すべてが再びうまくいくという幻想を捨てよう

ソードの5　【Defeat 敗北】

Keyword ～ 敗北 ～

数とエレメント：
5　風のエレメント

占星術：
水瓶座の金星

生命の樹：
ゲブラー（正義）

今日の運勢

トラブル発生の暗示。今日は「厚顔無恥」でいましょう。それは、誹謗中傷や罠から自分を守るための手段です。あらゆる手を使って、敵と戦いましょう。苦しい時間を耐えた後には小休止が訪れます。その間にトラブルを解決しましょう。どのように邪魔者に対処したらよいのかわかれば、今後イヤな経験をせずに済むはず。

Theme
衝突を避け続けると闘争になる

　このカードは、風のエレメントのゲブラーに関連します。ゲブラーの正義は崩壊を生み出します。

　占星術では、水瓶座の金星に対応します。聡明な知性は、甘い感情に打ち負かされてしまいました。それは「平和主義という名の軟弱さ」であり、美徳の衰退が災いの原因になっています。

　5つの剣とバラの花弁でできた逆五芒星は、危害や悪化など、不吉な予兆を暗示しています。

　剣の柄のデザインはそれぞれ異なり、その刃は曲がったり欠けたりしています。それらは衰退を表しています。最も低い位置にある剣だけが、もろい剣先を上に向けていますが、武器としての効果はほとんどありません。

　「ソードの4」のカードに描かれていた49の花弁を持つバラの花びらは、すっかり散ってしまいました。これは、完全な破壊と心の傷を表しています。

　背景には、かすかに光が差し込んでいます。これは、「失敗が成長の元となる」という希望を示しています。

全体	敗北、失敗、降伏、屈辱、暴露、難破、卑劣、堕落、貧弱
仕事	事業の失敗、汚い手を使う、業務妨害、裁判で負ける、汚職
恋愛	恋人に裏切られる、恋人をうらむ、不貞、離婚、破局
勉強	不合格、不正解、実力より簡単な学校を受験する
健康	病気に負ける、治療が難航する、病気が再発しないよう気をつける
お金	投資で損する、ギャンブルで負ける、破産
人間関係	傷つけ合う、裏切り、負けを認める、言いなりになる
人物の特徴	弱い人、敗者、悪意のある人、ズルい人、偽善者
アドバイス	危険があることを覚悟しておこう
注意点	失敗するとわかっていることをやらないように

ソードの6 【Science 科学】
<small>サイエンス</small>

Keyword キーワード ～ 科学 ～

数とエレメント：
6　風のエレメント

占星術：
水瓶座の水星

生命の樹：
ティファレト（美）

今日の運勢

今日は、知的好奇心を満たすような体験をしましょう。知らない世界に触れて感性を刺激すると、視野が広がります。面白い情報を求めて、ネットサーフィンしたり、新聞を読んだり、本屋をのぞいたりしてみましょう。カルチャーセンターや専門学校で授業を受けたり、美術館や博物館のレクチャーに参加するのもオススメです。

Theme
全体を理解する力を鍛える

　ティファレト（美）と関連するこのカードは、風のスートの知性的で理論的な性質を表します。また、6は知性に関係する数なので、その性質はさらに強調されます。

　占星術では、水瓶座の水星と対応します。明晰な頭脳と論理的な思考力を表しますが、それがマニアックな傾向に働くこともあります。

　6本の剣は、六芒星の形に配列され、魂と大地の世界を相互に貫いています。剣の先端は、6個の正方形から成る金色の十字架の中央で重なっています。これは、統合に向けて奮闘することと、全体を見て理解することを表しています。

　十字架の中央の四角形には、丸い形のバラ十字が納まっています。バラ十字の紋章は科学的な秘密を示すシンボルです。また、四角の中の丸は、現実（□）に隠された永遠の真実（○）の象徴です。

　背景にある網状と風車の形の構造は、精神的な柔軟性と情報のネットワークを表しています。

ソード

全体	科学、分析、知性、知覚、進化、開放、客観的
仕事	技術革新、研究、開発、発明、データ分析、フリーランス、構想を練る
恋愛	新しいタイプの人と付き合う、対等な恋人関係、家族ぐるみの交際
勉強	理系の勉強、学習計画を立てる、研究の道に進む
健康	精密検査を受ける、最新の医療で治療する、外科手術
お金	計画的にお金を使う、ネット銀行、デイトレーディング
人間関係	チームワーク、新しい関係を築く、親交を結ぶ
人物の特徴	物知りな人、情報通、知的な人、論理的な人、理系の人
アドバイス	未知のエリアを探求しよう
注意点	非現実的なアイデアにとらわれないように

ソードの7 【futility 無益】
フューティリティ

Keyword キーワード 〜 無益 〜

数とエレメント：
7　風のエレメント

占星術：
水瓶座の月

生命の樹：
ネツァク（勝利）

今日の運勢

今日は守りに入りがち。臆病になって、現実と直面するのを避けてしまいそうです。緊張感に押しつぶされそうになったり、自信がなくなったりしたときは、無難な方法を選ぶのが賢明です。大事な契約や約束をするときは、慎重に進めること。細心の注意を払っていれば、ダマされたり、損をすることはないでしょう。

Theme
役に立たないものを見極める

　このカードは、風のエレメントのネツァク（勝利）に関連します。ネツァクは通常ネガティブな作用が働きますが、ここでの知性の衰退はそれほど激しくありません。

　占星術では、水瓶座の月に対応します。独得のマイペースな感性が、ネツァクの緩和作用を強調しています。

　太陽のシンボルがついた真ん中の大きな剣は、明快な思考と統合された意識を表しています。

　大きな剣を取り囲む6本の小さな剣は、三日月の形に並んでいます。短剣についた惑星は、それぞれネガティブな側面が表れています。それは、幻想（海王星）、頑固（土星）、無遠慮（木星）、逆上（火星）、裏切り（金星）、不謹慎（水星）です。

　各剣の先端はカードの下方で合流し、上に突き出す大きな剣の刃に突き当っています。まるで「多くの弱いもの」と「1つの強いもの」の間に争いがあるかのようです。懸命な努力がムダになることを暗示しています。

　淡い青色の背景は、安直で浅はかな様子を表しています。

全体	無益、ムダ、無意味、脱力、空しさ、障害、自己欺瞞、臆病
仕事	ムダな仕事、雑用、士気が下がる、儲からない商売、議事妨害
恋愛	恋する自信を失う、恋愛でカラ回りする、恋人への不信感、性格の不一致、不貞、仮面夫婦
勉強	三日坊主、ムダな勉強、役に立たない知識
健康	原因不明の体調不良、仮病、たいしたことない症状
お金	利益が出ない、出費が増える、詐欺、横領
人間関係	裏切り、被害妄想、大勢の中のひとり、勝ち目がない
人物の特徴	やる気のない人、ダラダラした人、自信のない人
アドバイス	自分の心に正直になろう
注意点	ムダな努力だと決めつけて、諦めないで

ソードの8 【Interference 干渉】
インターフィアレンス

Keyword キーワード ～ 干渉 ～

数とエレメント：
8　風のエレメント

占星術：
双子座の木星

生命の樹：
ホド（栄光）

今日の運勢

今日は、冷静な判断力と忍耐力が必要です。あなたを邪魔してくる人がいても、予期せぬ出来事で道をふさがれても、ガッカリしないで。わずかなチャンスを見失わないようにしましょう。妨害されて予定が狂ったとしても、簡単に諦めないこと。あなたがゴールをしっかり見すえていれば、目標を達成することができるでしょう。

Theme
自分の心にひそむ破滅願望に気付く

　このカードは、風のエレメントのホド（栄光）と関連しています。論争をするための持続力が不足していることを表しています。

　占星術では、双子座の木星に対応します。パワーが弱くなっている中でも、幸運がもたらされるという兆しです。それにも関わらず、意志は偶発的な干渉によって、絶えず妨害されています。

　カードの中央には、2本の長い剣があり、先端は下を向いています。6本の小さな剣は、3本ずつ向きを変えて、長い剣に交差しています。これは、強い決意が破壊的な力によって何度も妨げられていることを表しています。

　6本の小さな剣は、さまざまな形をしています。これらは、あらゆる国の祭儀に使われる武器であり、クリス剣、ククリ刀、スクラマサックス、ダガー、マチェーテ、ヤタガンが描かれています。

　赤紫色の混乱した背景は、復讐、敵対、不安を暗示しています。

ソード

全体	干渉、破壊、妨害、混乱、疑心、葛藤、失策、優柔不断、忍耐不足
仕事	計画が頓挫する、契約破棄、ライバルに邪魔される、あいまいな事業方針
恋愛	恋のライバル、障害のある恋、交際や結婚を反対される、破局、浮気
勉強	最悪な学習環境、勉強の邪魔をされる、成績が落ちる
健康	不規則なライフスタイル、ストレス、怪我
お金	予期せぬ出費が増える、貯金を崩す、財産を失う、詐欺にあう
人間関係	ライバル関係、共通点がない、仲が決裂する
人物の特徴	口うるさい人、面倒な人、個人主義者、邪魔者
アドバイス	首尾一貫して目標を追究しよう
注意点	小さな亀裂や欠陥を甘く見ないように

ソードの9 【Cruelty クルーエルティ 残酷】

Keyword キーワード ～ 残酷 ～

数とエレメント：
9　風のエレメント

占星術：
双子座の火星

生命の樹：
イエソド（基礎）

今日の運勢

今日は、最悪な気分に陥る恐れがあります。罪悪感や自信喪失に悩んでいるなら、それを克服するために、あらゆる努力をするべきです。一方、外部からの恐怖におびえているなら、2つの解決方法があります。その道を進む必要があるなら、強い心で障害を乗り越えて。ただ、もしその道を避けて通れるなら、障害から逃れるべきです。

Theme
自分を見失うことへの恐怖と向き合う

　イエソド（基礎）は「生命の樹」の中央の柱へエネルギーを戻します。前のカードで示された無秩序な状態が、ここで修正されます。しかし、風のエレメントの力はすっかり退化してしまいました。剣はもはや、純粋な知性ではなく、熱意のない感情を表しています。このカードをポジティブに扱おうとするなら、苦難を受け入れる覚悟が必要です。

　占星術では、双子座の火星に関連します。知的に振る舞うけれども、つい気取ってしまう傾向があります。同時に、抑制の効かない欲望を秘めています。

　カードには、長さの異なる9本の剣が描かれており、そのすべての先端が下に向いています。ギザギザで錆び付いている剣の刃は、残忍で暴力的な性質を示唆しています。また、剣の刃からしたたり落ちる毒液と血は、危険の象徴です。

　薄暗い背景と無秩序な模様は、理性を持ち合わせていない未発達な本能と、無意識の状態に陥ってしまう様子を表しています。

全体	残酷、不幸、災難、失敗、自信喪失、絶望、不安、罪悪感、パニック
仕事	搾取される、過労、嫌な業務、サービス残業、手段を選ばず利益を上げる、ブラック企業
恋愛	恋愛恐怖症、失恋の痛み、恋人の裏切り、恋愛トラウマ、愛憎入り乱れた関係、復讐
勉強	試験が恐くなる、受験に失敗する、不合格が続く
健康	神経症、体調不良、病気、怪我、入院
お金	破産、盗難、搾取、借金の取立て
人間関係	敵対関係、ひどい仕打ちを受ける、絶交する、裏切られる
人物の特徴	冷酷な人、エキセントリックな人、裏切り者
アドバイス	最悪の状態に陥る前にギブアップしよう
注意点	後悔するとわかっていることをしないように

ソードの 10 【Ruin 破滅】

スモールカード

Keyword キーワード ～ 破滅 ～

数とエレメント:
10　風のエレメント

占星術:
双子座の太陽

生命の樹:
マルクト（王国）

今日の運勢

もう終わりにしましょう。あなたはおそらく、すべてを完全に手放す心の準備ができていないでしょう。でも、今日こそ、すべてを終わらせる必要があります。結果的に、あなたを長い間苦しめていた重荷がなくなって、ハッピーな気分になれるはず。ただし、自暴自棄になると、後悔してしまいそう。どんな場合も慎重に行動しましょう。

Theme
混乱状態を終わらせ、新しいものを作る

　マルクト（王国）に関連する数字である 10 は、常にそのエレメントのエネルギーの極地を表します。風のエレメントにあたるこのカードでは、現実からかけ離れ、狂気に陥った状態を示しています。

　占星術では、双子座の太陽と対応しています。太陽の光線が分散し、安定したエネルギーが崩壊して混乱に陥った状態を表しています。

　10 本の剣は「生命の樹」の形に配置されています。これは、全体的な力を象徴しています。カードの中央にあるハートと 10 の光線を放つ星には、「生命の樹」に集まるすべての「10 のエネルギー」が集まっています。

　しかし、ティファレトの位置にある剣は、他の 9 本の剣によって攻撃され、そのハートの柄を打ち砕かれてしまいました。これは、カードのエネルギーが破壊によって失われたことを表しています。

　赤味がかった黄色の背景と幾何学的な模様は、攻撃的な雰囲気と破壊によって流れた血を表しています。

ソード

全体	破滅、混乱、崩壊、清算、失望、強制終了、故障
仕事	事業を清算する、再建のためのリストラ、事業計画の中断
恋愛	破局、恋の執着を手放す、腐れ縁を断つ、新しい恋を始めるために今の恋を終わらせる
勉強	勉強を投げ出す、不登校、中退
健康	健康を害する、体力の低下、心神喪失、衰弱
お金	無一文、破産、清算
人間関係	絶交、絶縁、大ゲンカ
人物の特徴	怖い人、破滅的な人、陰気な人
アドバイス	ただちに重荷を手放し、イヤな物事を終わらせよう
注意点	自暴自棄にならないように

ディスクの騎士【Knight of Disks】
ナイト・オブ・ディスク

Keyword キーワード ～ 達成 ～

エレメント：
地の宮の火

占星術：
獅子座20度〜乙女座20度

生命の樹：
コクマー（知恵）

今日の運勢

これまでの努力の成果が出る日です。成功を喜び、頑張った自分を褒めてあげましょう。達成した計画を継続することが重要ですが、新しいことにチャレンジするのにも良いタイミングです。また、今日出会う落ち着いた雰囲気の男性は、あなたにとって重要な人物になります。彼のアドバイスに耳を傾け、提案を受け入れましょう。

Theme
保有は責任を伴うことに気付く

　地のエレメントは生命を育む大地を象徴します。火のエレメントは生命力や情熱を表します。ディスクの騎士は「地の中の火」にあたり、落ち着いた様子ながら心の中に熱い情熱を秘めています。
　ディスクの騎士は、他の騎士がスピーディーに動いているのとは対照的に、静止した状態で描かれています。威風堂々とした彼の姿は、勇気と自信に満ちあふれています。騎士がまたがる農耕馬は、現実的な感覚の象徴です。騎士の黒い鎧は安全、赤い鞍は活動的で創造的な潜在力を表します。
　雄ジカの羽飾りがついているヘルメットは、騎士の頭の後ろ側に上がっています。これは、スピリチュアルなものを寛大に受け止め、直感力を伸ばすことを示しています。
　騎士は殻ざおと堅い盾で武装しています。殻ざおと実った穀物は豊かな収穫、光の輪に囲まれた黒い盾は物質と結び付いた創造的な魂を表しています。

全体	達成、堅実、慎重、信頼、安定、価値、安全、厳しさ
仕事	農業、林業、金融業、出世する、責任のある地位に就く、妥協せず交渉する、実務能力を身に付ける、自己流にこだわる、要領が悪い
恋愛	長く交際する、結婚を約束した関係、尊敬し合う、玉の輿、パトロンを持つ、年上の男性と付き合う、マンネリの関係、嫉妬深くなる
勉強	ベテランの先生に習う、歴史のある名門校に通う、復習に力を入れる
健康	バランスの良い食生活、旬の味覚を楽しむ、穀物を食べる、筋トレをする、運動不足、心身共に健康な状態
お金	儲かる、堅実な金銭感覚、定期預金する、ひと財産築く、資産家、土地持ち、定期的な収入
人間関係	長い付き合い、信頼関係、何でも相談し合える仲、強力なリーダーに従う
人物の特徴	誠実な人、タフな人、しっかり者、資産家、落ち着いた大人の男性、頼れる男性の上司や先輩、リーダー、若社長、ケチな人、欲張りな男性
アドバイス	お金やチャンスを適切な方法で使おう
注意点	頑固で強欲にならないように

コートカード ディスクの女王 【Queen of Disks】
クイーン・オブ・ディスク

Keyword キーワード　〜　成熟　〜

エレメント：
地の宮の水

占星術：
射手座20度〜山羊座20度

生命の樹：
ビナー（理解）

今日の運勢
今日は落ち着いて行動しましょう。計画を実行するときは、余裕を持って取り組むこと。良いワインは長い年月をかけて熟成するものです。長期的な計画を立てて、忍耐力を持って畑を耕し、豊かに実るように世話をしましょう。今日のラッキーパーソンは、母親のような雰囲気の女性です。彼女のアドバイスを信頼しましょう。

Theme
自然のライフサイクルを信じる

　「地の宮の水」を表すディスクの女王は、パイナップルの王座に座っています。女王は多産で、母なる大地のシンボルです。彼女の甲冑は小さな鱗やコインから成り、ヘルメットには大きならせん状の山羊の角が飾られています。これは、明瞭な知覚、物質と魂のつながりを表しています。

　右手に持った笏の頭部にはクリスタルが付いていて、その中には立体的な六芒星が収まっています。左腕に抱えたディスクの盾は、輪や円が交錯した球体です。これは安全を守るもので、物の価値を判断する感覚を表しています。円や輪に覆われている天球は、永遠に続く生死のサイクルを象徴しています。

　彼女の前には、球の上に立つ山羊がいて、地のエレメントの忍耐強い性質を表しています。女王の背景にある砂漠の真ん中には、ひとすじの川が穏やかに流れています。オアシスが姿を現し始め、それはやがて肥沃な大地に変わります。その様子は、貧困と孤独を乗り越えたことを示しています。

全体	成熟、豊穣、安全、実直、平穏、忍耐、穏やか、親切、包容力、愛情深い、官能、鈍感、卑屈、不機嫌、退屈
仕事	骨の折れる仕事、責任のある地位に就く、実行する価値のある計画、あくせく働く、ルーティンワーク
恋愛	女性から熱心にアプローチする、長く交際する、結婚する、女性が優位なカップル、女性が年上のカップル、ガマンして付き合う、マンネリ
勉強	勉強に集中する、長時間勉強する、手ごたえがある、勉強不足
健康	安静にする、骨と歯の健康、腰痛、病気が再発する不安、既往症
お金	安定収入、資産家、定期預金、お金の心配がない
人間関係	長い付き合い、信頼関係、必要なときに頼れる間柄
人物の特徴	穏やかな人、親切な人、包容力がある人、愛情深い人、もの静かな人、勤勉な人、家庭的な人、鈍感な人、気分屋
アドバイス	よい成果を得るために時間をかけよう
注意点	つまらないものを手に入れようと奮闘しないこと

ディスクの王子【Prince of Disks】
プリンス・オブ・ディスク

Keyword キーワード ～ 持続 ～

エレメント：
地の宮の風

占星術：
牡羊座20度～牡牛座20度

生命の樹：
ティファレト（美）

今日の運勢

今日はマイペースで過ごすことができるでしょう。ミッションを成功させるために、たっぷり力を蓄え、現実的な感覚を持つことが必要です。自分がその役目にふさわしく、その実力があるということを実感すれば、自信を持って取り組めるはず。さらに、気持ちがウキウキすることをやってみると、もっと素晴らしい1日になるでしょう！

Theme
現実的な感覚を研ぎ澄ませる

「地の宮の風」を表すディスクの王子は、明瞭となった地のエレメントを表し、大地の力を象徴しています。彼は瞑想をしているような表情で戦車に乗っています。そのヘルメットには雄牛の頭の飾りがついています。そして彼の戦車を引いているのも、一頭の雄牛です。雄牛は占星術の牡牛座と対応していて、地のエレメントにとっては特別に神聖な動物です。

王子は左手に、中央に円と四角がある地球に似た球体を抱えています。これは、地球のサイクルが循環する様子を表しています。また、球体には農業に関連する計画を示す数理的な象徴が印されています。

右手には、円形の笏を持っていて、その頭部には「大いなる業」の成就の象徴である十字架が付いています。地のエレメントから植物を生み出すことが彼の役目であり、その仕事の絶頂にいることを表しています。

彼の背後にある同心円は季節のサイクルを表し、カードの背景に描かれた穀物、花、実は自然の豊かさと成長力を象徴しています。

全体	持続、現実的、忍耐、首尾一貫、集中、冷静沈着、安定、実行力、慎重、信用、動じない、無神経、鈍感、愚か
仕事	1つの会社に長く勤める、目標達成を目指して働く、農業・園芸に関する仕事、敏腕な経営者、有能なスタッフ
恋愛	長い片想い、情熱的なアプローチを続ける、安定した恋人関係、官能的な出来事
勉強	目標を立ててコツコツ勉強する、過去問を解く、得意分野を作る
健康	健康診断を受ける、定期的に体を動かす、筋トレに励む
お金	安定収入、資産がある、不動産収入
人間関係	長い付き合い、頼れる関係、幼なじみ
人物の特徴	実行力のある若い男性、落ち着いている人、影響力を持つ人、動じない人、社長、資産家、若旦那
アドバイス	忍耐力を持って初志貫徹しよう
注意点	頑固になり過ぎないように

ディスクの王女【Princess of Disks】
プリンセス・オブ・ディスク

Keyword キーワード 〜 成果 〜

エレメント：
地の宮の地

占星術：
占星術の対応なし
ヨーロッパとアフリカの天空

生命の樹：
マルクト（王国）

今日の運勢

今日のあなたは安定感がバツグン！ 何事にも、地道にコツコツ取り組むことができるでしょう。難しい仕事に直面しても、忍耐強く堅実な方法で、解決の糸口を見つけることができるはず。もし今日が休日なら、ガーデニングや手芸を楽しむとラッキーです。愛情面は、官能的な情熱が湧いてきそう。時間をかけてたっぷり楽しみましょう。

Theme
喜んで実りを得る

　ディスクの王女は、妊娠した女性の姿で描かれています。彼女は農耕の女神デーメーテルです。彼女は女司祭でもあるので、小麦の束のような形の祭壇の前に立っています。その姿は、生命力と創造力を象徴しています。

　王女が携えている円盤の中心には、完全な平衡状態を表す陰陽のシンボルがついた女神イシスのバラが描かれています。これは、女性と男性の原型的なエネルギーが融合し、美しく新しい人生が始まることを表しています。

　大地の中へ差し込まれた笏は、男性的なエネルギーと女性的なエネルギーの融合を表しています。その先端はダイヤモンドで、四大元素の中で最も深く最も暗い地のエレメントにおける、純粋な光の誕生を象徴しています。

　王女が身にまとう羊皮のケープと牡羊の角は、自然への親近感を表すと同時に、原始の自然そのものを指しています。空に向かって伸びる木は、光の根を伴っています。これは、天と地につながる聖なる木立です。

全体	成果、若い、官能、成熟した女性、自然体、創造、成長、妊娠
仕事	自然に関わる仕事、実践的な業務、手先の技術を要する仕事（工芸、手芸など）、動物や植物に関する仕事
恋愛	温かい愛情を育む、長く交際する、官能的な恋愛、信頼関係を築く、妊娠する
勉強	合格ラインに達する、得意科目を作る、役に立つ学び
健康	妊娠、肥満、食べ過ぎ、コレステロール値が高い
お金	しっかり貯金する、節約する、必要なものだけを買う、努力の結果収入を得る、集金する、定期預金が満期になる
人間関係	協力し合う、仲間意識、女性が優位なグループ、豊かな人間関係、実りのある人脈、仕事仲間、ママ友達
人物の特徴	強く美しく若い女性、影響力のある女性、忍耐強い人、寛大な人、親切な人、母親
アドバイス	受けた刺激を創造力に変えよう
注意点	物質的な価値に固執しないように

ディスクのエース【Ace of Disks】
エース・オブ・ディスク

スモールカード

Keyword キーワード ～ 地の力の根源 ～

数とエレメント：
エース（1）地のエレメント

占星術：
地のサイン
（牡牛座、乙女座、山羊座）

生命の樹：
ケテル（王冠）

今日の運勢

今日は積極的に動いて、幸運をつかみましょう！　どこかでセールをやっていませんか？　買い物の最中に限らず、旅行中や勉強中でも、お得なチャンスを見逃さないようにしましょう。また、今日は長期的な計画の基礎を固めるのに良いタイミングです。短期間で利益を出そうと焦らなければ、素晴らしい結果が期待できるでしょう。

Theme
価値のある経験を通して、豊かな知恵を得る

　このカードには「地」のエネルギーの始まりが描かれています。「地」は不動の力、ディスク（円盤）は回転を象徴します。その周りにある4つの翼は飛躍を表し、このカードが静と動、2つの性質をあわせ持つことを示しています。

　金色のディスクの中には3つの輪があります。これは、新しい生命（3）は相反するもの（1と2）の融合から生まれることを示しています。

　ディスクの中には十角形があり、その中にはからみ合う2つの五芒星に囲まれた七角形があります。これは、A∴A∴（銀の星。クロウリーが創設した魔術結社）の聖なる紋章です。

　中央に書かれた「６６６」は、旧約聖書の黙示録に登場する「偉大なる野獣」を表す数字です。その上にある数字（1）は「偉大なる野獣（666）」と合計して「バビロンの大淫婦（667）」を表します（「XI 欲望」を参照）。

　また、ディスクを囲むギリシア語文字 "TO META ΘHPION" も「偉大なる野獣」という意味で、クロウリーは自らをそう名乗っていました。

ディスク

全体	物質的な豊かさ、幸福、健康、満足、安定、成功のチャンス
仕事	正社員として働く、安定した仕事、高収入の仕事、プロとして活躍する、レギュラー契約する
恋愛	長く交際する、固い絆で結ばれる、肉体的な魅力、官能的な快楽
勉強	学習の基礎を固める、学業優秀、高等教育を受ける
健康	健康を維持する、体調が安定する
お金	お金を稼ぐチャンス、価値あるものを所有する、不動産
人間関係	信頼関係を築く、長い付き合い、頼りにし合う
人物の特徴	堂々としている人、自信がある人、しっかり者
アドバイス	価値のあるものを獲得し、それを活かそう
注意点	貪欲にならないように

ディスクの2 【Change 変化】

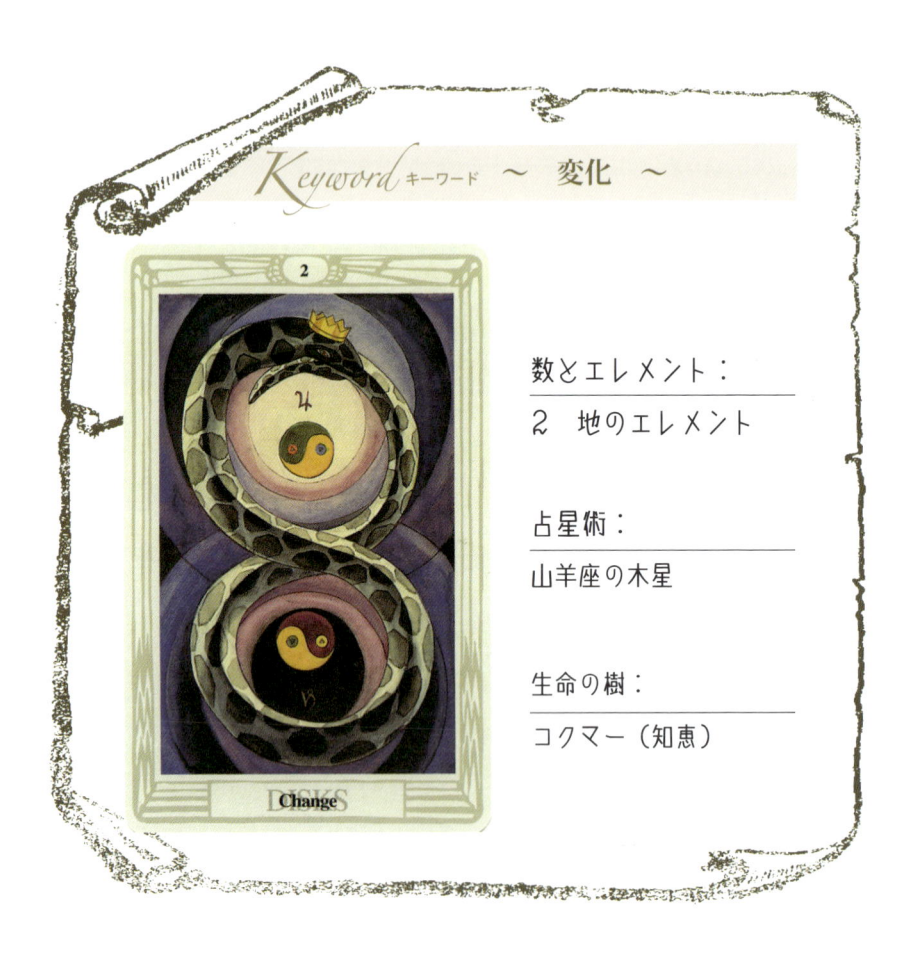

~ Keyword キーワード ~ 変化 ~

数とエレメント：
2　地のエレメント

占星術：
山羊座の木星

生命の樹：
コクマー（知恵）

今日の運勢

葛藤の多い1日になりそう。明らかな矛盾点があるなら、すぐに対処しましょう。オープンに心を開き、柔軟になって、他の可能性がないか考えてみて。1つの考え方に固執すると、行き止まりに突き当たってしまいます。一方、複数のアイデアを柔軟に取り入れれば、正反対のものをうまく組み合わせることができるでしょう。

Theme
活気ある成長と退化のリズムを感じる

　このカードは、第2のセフィラであるコクマー（知恵）に対応しています。コクマーは、最も安定した「地」のエネルギーに変化をもたらします。「変化は安定の土台である」という教義に従って、このカードは「変化」と呼ばれています。

　占星術では、山羊座の木星に対応します。ただ、その2つは全く調和していないので、木星がもたらす拡大と発展の作用が抑制されています。

　カードの中央では、王冠をかぶったヘビが尻尾をかじって、無限大の印（∞）を形作っています。ヘビは太極図（陰と陽のマーク）を丸く囲んでいて、一方の輪は右旋回、もう一方は左旋回しています。これは「永遠の変化」を表し、クロウリーは「完全な宇宙の象徴」だと述べています。

　太極図の中に描かれた4つの三角形は、4エレメント（火、地、風、水）の調和と相互作用を表し、すべてのレベルの生き物の変化を表します。また、紫色の背景は、真実と信頼の象徴です。

ディスク

全体	変化、交換、フレキシブル、相互作用、多様性
仕事	転職する、副業を持つ、複数の職場で働く、キャリアチェンジ、リストラされる
恋愛	恋の新展開、浮気、火遊び、恋人の他に好きな人ができる、2人の相手の間で心が揺れ動く
勉強	転校、専攻を変える、専門性を高める
健康	不安定な体調、生活リズムが変わる、病院を変える
お金	お金をやりくりする、収支のバランスを取る、金銭感覚が変わる
人間関係	交友関係が変化する、立場が逆転する、異業種交流
人物の特徴	器用な人、忙しい人、放浪者
アドバイス	全く興味のなかったことに意識を向けよう
注意点	移り気になってエネルギーを浪費しないように

ディスクの３ 【Works 作業】

Keyword ～ 作業 ～

数とエレメント：
3　地のエレメント

占星術：
山羊座の火星

生命の樹：
ビナー（理解）

今日の運勢

今日は、延期していたことを再開するのに良いタイミングです。人間関係を修復したり、お金の問題を見直したり……未来に向けて新しい一歩を踏み出しましょう。あなたが進む道の先に何が待ち受けているのか、しっかり見すえること。現実的な計画を立て、ステップ・バイ・ステップで進めば、良い結果が出るでしょう。

Theme
確実な知識を得るために努力する

　このカードは山羊座の火星に対応しています。火星の勢いは山羊座で活発になり、そのエネルギーは建設的で計画的です。

　中央には、頂点から見下ろしたピラミッドが描かれています。明るいピラミッドは、創造力の結晶化を表しています。

　ピラミッドは3つの赤い車輪に支えられています。それは、「体、心、魂」のパワフルな三位一体が具体的な形となったものです。また、ヘブライ語のアルファベットの三母字「アレフ、シン、メム（風、火、水）」、錬金術の「水銀、硫黄、塩」、ヒンズーの「サットヴァ、ラジャス、タマス」の象徴でもあります。

　このピラミッドは、凍った海の上に立っています。この荒れた海は、根源的な潜在力が無尽蔵にあり、そこからすべてが創造されることを表しています。

　背景の色は冷たく暗い灰色です。藍色と緑色がまだら模様を織りなし、複雑で混乱した状況を象徴しています。

ディスク

全体	作業、確実、構造、連続、忍耐、強化、成長、具体的、建設的
仕事	堅実な仕事、建築業、製造業、仕事の知識・技術・経験を確かなものにする、事業計画の実現、取引の開始
恋愛	少しずつ距離を縮める、将来を約束する、強い絆、深い愛情、安定した交際、復縁を目指す
勉強	コツコツ勉強する、学力向上、ガリ勉
健康	規則正しい生活、ダイエット、リハビリ
お金	コツコツ稼ぐ、仕事の報酬、経済的な問題を抱える
人間関係	共同作業で絆を深める、生活を共にする
人物の特徴	マメな人、勤勉な人、職人肌な人、努力家
アドバイス	努力の成果を確かなものにしよう
注意点	やみくもに行動しないように

ディスクの 4　【Power 力】

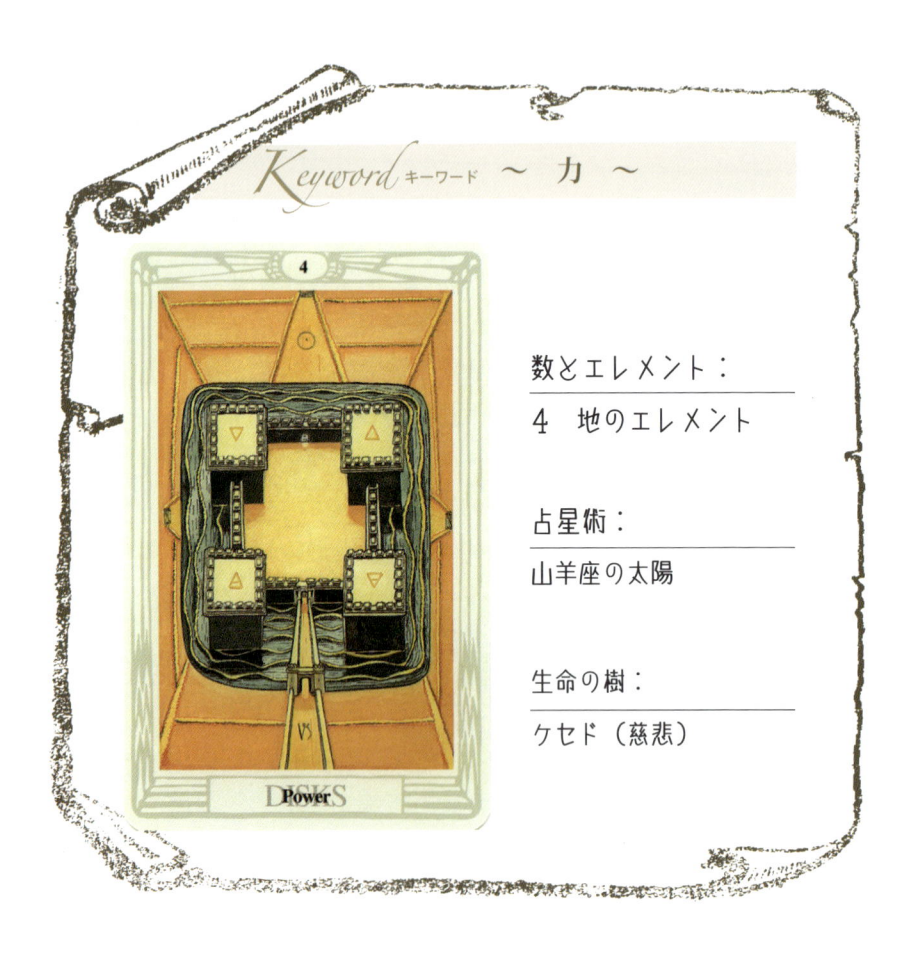

Keyword キーワード ～力～

数とエレメント：
4　地のエレメント

占星術：
山羊座の太陽

生命の樹：
ケセド（慈悲）

今日の運勢

今日にこそ、長い間目をつぶってきたことに向き合いましょう。なかなか状況が変わらないなら、思い切ってひっかき回してみて。そんなの無理？　それなら、状況を改善するための具体的なアイデアを出しましょう。不公平を感じたら、ためらわずに自分の権利を主張すること。安全かつ適切な方法で、大切なものをつかみとりましょう。

Theme
確実な知識を蓄える

　第4のセフィラであるケセド(慈悲)に対応するこのカードは、要塞を暗示しています。占星術では、山羊座の太陽に対応します。山羊座は太陽が再び北方へ転じる場所であり、太陽が再生する場所です。

　ディスクはとても大型で、しっかりした四角形で描かれています。4つのタワーは、四角い要塞の柱となっています。これは、法と秩序の象徴です。ディスクに描かれた錬金術の4エレメント(火、地、風、水)のマークは、現実的で安定した支配力を示しています。

　通常、ディスクは円形で回転のエネルギーを持っていますが、このカードのディスクは四角形で、静止しているように見えます。それにもかかわらず、このディスクは回転しているのだとクロウリーは指摘します。彼は、「防御は猛烈に活動している時のみ有効になる」と記しています。

　背景はまだらに黄色が混ざった濃青色(こあお)です。壁と堀に囲まれた緑色と藍色のスペースは、要塞によって安全が保証された避難所を表しています。

全体	力、安定、保護、現実感覚、コントロール、法則、秩序、構造
仕事	大手の企業、保険会社、セキュリティ会社、法律事務所、法令順守、老舗、安定した地位
恋愛	恋愛問題を解決する、関係をハッキリさせる、恋人と話し合う、強い絆を結ぶ、2人だけの世界、お見合い、恋愛のルール
勉強	部屋にこもって勉強する、快適な学習環境を確保する、優秀な先生に教わる
健康	基礎体力をつける、柔道・剣道・武道で体を鍛える
お金	大金を貯め込む、ヘソクリ、隠し預金、遺産相続、不動産
人間関係	閉鎖的な関係、内輪のグループ、組織に所属する
人物の特徴	保守的な人、堂々としている人、強い人、自信がある人
アドバイス	大切なものをしっかり守ろう
注意点	視野が狭くならないように

ディスクの5 【Worry 心配】
(ウォリー)

Keyword キーワード 〜 心配 〜

数とエレメント:
5　地のエレメント

占星術:
牡牛座の水星

生命の樹:
ゲブラー（正義）

今日の運勢

物事がスムーズに進まない日です。面倒なことに巻き込まれたくなかったら、ムダな努力は止めましょう。それが価値のあることかどうか、じっくり考えること。やっても意味のないことからは、すぐに手を引きましょう。ダメなことに見切りをつけて、再び元の道に戻るべきです。もしくは、確実で新しい道を進むのが賢明です。

Theme
否定的な考え方に惑わされる

　このカードは長期の休止を意味します。地のスートにおける第5のセフィラであるゲブラー（正義）は、四大元素（火、地、風、水）の崩壊を示しています。
　占星術では、牡牛座の水星に対応します。この2つは反対のエネルギーを持つため、水星が強力に働くと、牡牛座は混乱してしまいます。
　線でつながった5つのディスクは、逆さの五芒星を形作っています。これは、物質の基礎が不安定で、間違った方向へ進んでしまうという暗示です。
　ディスクの上にはインドのタットワシンボルが描かれ、現実世界を構成する神秘的な要素を象徴しています。これらの力の相互作用で、組織体を1つにまとめています。
　背後の歯車の間には、ライトが光っています。これは、すでにチャンスを逃してしまい、現在は好ましくない状況にいることを暗示しています。
　背景の深紅色と黄色い斑点は、激しい怒りと緊張を表しています。

全体	心配、失望、萎縮、杞憂、喪失の恐怖、機能不全、救いがない
仕事	結果の出ない仕事、展望のない事業計画、不安定な地位、倒産の危機
恋愛	恋人を束縛する、別れの危機、失恋の恐怖、傷つけ合う、恋人に幻滅する
勉強	不合格の恐れ、試験で実力を発揮できない、スランプに陥る
健康	神経症、ストレス、病気になる不安、体調不良
お金	お金の心配、貧乏になる不安、ケチ
人間関係	相手のせいにする、お互いにネガティブな影響を与える、過保護
人物の特徴	心配性な人、悲観的な人、いじわるな人、頑固な人
アドバイス	やり方を変えて、新しい方向へ進もう
注意点	心配事に惑わされて、おかしな行動を取らないように

スモールカード ディスクの6 【Success サクセス 成功】

Keyword キーワード ～ 成功 ～

数とエレメント：
6　地のエレメント

占星術：
牡牛座の月

生命の樹：
ティファレト（美）

今日の運勢

成功のチャンス！　うまくいかないことや思い通りにならないことがあっても、今日は簡単に軌道修正できるはず。仕事の計画やプライベートの人間関係など、あなたを悩ませている問題はすべて解決するでしょう。金運も良好。今まで努力してきた人は、その成果がお金やプレゼントなど、具体的な形となって返ってくるでしょう。

Theme
心の中の矛盾を乗り越え、自分を受け入れる

　物質的な成功を表すカードです。占星術では、牡牛座の月に対応します。牡牛座は五感を司るサイン、月は感情を表す惑星なので、五感が満足する様子を示しています。

　生命の樹では、第6のセフィラであるティファレト（美）に対応します。ティファレトを表す数字は6、惑星は太陽です。そのため、カードには六芒星と太陽が大きく描かれています。6つのディスクは光の輪に囲まれた六芒星を形作っています。これは、調和と活気を示しています。

　真ん中にあるバラ十字は、スピリチュアルなパワーの象徴です。このバラ十字を伴う太陽を中心に、月、水星、金星、火星、木星、土星のシンボルが付いた6つのディスクが配置されています。これらは天球の調和した動きを表しています。太陽を含めた7つの惑星は、幸福な光の中でその力を交換し合っています。

　赤い背景は日の出を表し、新しい成功のチャンスに導かれる明るい兆しの象徴です。

全体	成功、利益を得る、発展する、増える
仕事	就職・転職がうまくいく、仕事が成功する、出世する、しっかり稼ぐ
恋愛	告白やプロポーズが成功する、愛し合う、幸せな関係
勉強	合格する、仕事で役立つ知識と技術を学ぶ、収入につながる資格を得る
健康	体調が良い、心身のバランスが整う、体力・気力の充実
お金	収入が増える、お金に余裕がある、金銭問題が解決する
人間関係	協力関係、仕事仲間、抜群のチームワーク、共通の目標を持つ仲間
人物の特徴	豊かな人、余裕のある人、成功者
アドバイス	計画を実現するために有利な条件を整える
注意点	1つのことに力を注ぎ過ぎて、全体のバランスを崩さないように

ディスクの7 【failure 失敗】 (フェイルヤー)

Keyword キーワード 〜 失敗 〜

数とエレメント：
7　地のエレメント

占星術：
牡牛座の土星

生命の樹：
ネツァク（勝利）

今日の運勢

今日は、物事が間違った方向に進む暗示。注意深く過ごしたい1日です。大事な用事は明日に延期するのが賢明です。つまらないものや失敗しそうな計画、元気のない人などを目にしても気にしないこと。ネガティブな物事を頭の中から追い払うべきです。それがうまくいけば、失望や危機を乗り越える機会に恵まれるでしょう。

Theme
安定を失い、人生を恐れる

　第7のセフィラ・ネツァク（勝利）には、カードの力を弱める効果があります。このカードはディスクのスートなので、地のエレメントが象徴する安定や安全が弱体化しています。

　占星術では牡牛座の土星に対応し、その影響で状況はいっそう悪いものとなります。このカードに描かれたディスクは土星の重苦しい作用を受け、金貨から悪銭に変わってしまいました。

　しおれた植物の上で鉛色に変色したディスクは、破壊と腐敗の象徴です。7つのディスクは、ジオマンシー（土占術）の結果の中で最も悪い「ルベウス」の形に配置されています。これは、不幸、不運、苦難を表し、カード全体に暗い影を投じています。

　暗い青紫色の背景は、影の世界、死にゆく命、混沌を表しています。土が耕され、植物が生えていますが、すべてが台無しになっています。ディスクの置かれた場所は、恐ろしい藍色と赤味がかったオレンジ色で汚染されています。

全体	失敗、悪い環境、不運、不幸、恐怖、悲観、喪失、怠惰
仕事	倒産、解雇、失業、プロジェクトの失敗、うまくいかない就職・転職活動
恋愛	別れの危機、失恋の恐れ、憂うつな関係、略奪愛
勉強	不合格、志望校に落ちる、退学
健康	ダイエット・禁煙・禁酒に失敗する、治療が難航する
お金	破産、投資の失敗、損害、不正な融資
人間関係	関係が破綻する、いがみ合う、仲直りに失敗する
人物の特徴	敗北者、残念な人、陰険な人、不運な人
アドバイス	ネガティブなことから目をそらそう
注意点	過去の失敗にこだわらないで

ディスクの8 【Prudence 用心】

Keyword キーワード ～ 用心 ～

数とエレメント：
8　地のエレメント

占星術：
乙女座の太陽

生命の樹：
ホド（栄光）

今日の運勢

自分の仕事をするための時間を作りましょう。すべてをより良い方向に進めるために、計画を練る必要があります。我慢が足りなかったり、ムチャをしたりすると、成果を逃してしまいます。実現可能なことを考えましょう。ただし、自分にプレッシャーをかけないように！　その代わり、心と体のコンディションを整えましょう。

Theme
自然な成長の過程を理解する

「ディスクの7（失敗）」のカードで最低の状態を経験した後、ディスクの8、9、10の3枚のカードでは、新しい成功のサイクルに入る準備をします。

このカードは第8のセフィラ・ホド（栄光）に属しています。占星術では、乙女座の太陽に対応しており、物事に慎重に対処する知性が必要だということを示しています。

8個のディスクは、大きな樹に実る果実として描かれています。この配置は、ジオマンシー（土占術）の「ポプラス」の形になっています。ポプラスは群集や集会を意味し、多くの人達が物事に関わることを暗示しています。

肥沃な土地にしっかり根付いた樹は、健康的な成長を象徴しています。5枚の葉に守られた赤いディスクは、熟した果実となり、パワフルなエネルギーをたたえています。

背景は、金色と黄色で描かれています。未来の明るい兆しを読み取るための直感力を象徴しています。また、赤色と緑色の土は、自然の活力を表しています。

全体	用心、慎重、我慢、節度を保つ、熟練
仕事	交渉する、慎重に仕事を進める、ビジネスチャンスを待つ、制限時間を決めて働く、長期的な計画を練る
恋愛	恋に慎重になる、恋の駆け引き、恋人をじっくり観察する、成熟した関係、結婚の計画
勉強	コツコツ勉強する、じっくり研究に取り組む
健康	健康に良い習慣を続ける、疲れる前に休む、病気を予防する
お金	よく考えてお金を使う、貯蓄する、節約する
人間関係	相手をよく観察する、慎重に距離を縮める
人物の特徴	用心深い人、気配り上手な人、心配性な人
アドバイス	慎重に計画を立て、それに取り組む時間を作ろう
注意点	用心し過ぎてチャンスを逃がさないように

スモールカード ディスクの9 【Gain ゲイン 獲得】

Keyword キーワード 〜 獲得 〜

数とエレメント：
9　地のエレメント

占星術：
乙女座の金星

生命の樹：
イエソド（基礎）

今日の運勢

今日は、うれしいサプライズがありそう。それは、驚くような連絡かもしれないし、意外な訪問者かもしれません。また、外出先でビックリするような出来事が起こる可能性もあります。心の準備をしておきましょう。できれば時間を作って、宝探しへ出かけるとグッド。新しいことに挑戦して、刺激的な体験をするのもオススメです。

Theme
価値のあるチャンスをつかむ

このカードは第9のセフィラであるイエソド（基礎）に所属しています。そこは、力のバランスを取り戻す場所です。占星術では乙女座の金星に対応し、物質的な事柄と、好意や人気に伴う幸運を示しています。

カードには9つのディスクが描かれ、そのうち6つはコイン（貨幣）です。これは、結晶化によって「ディスクの6」のカードの「成功」が形になったことを表しています。

上にある3つのディスクに描かれた惑星（男性的な性質を持つ火星、木星、土星）は、成長と努力を表しています。一方、下にある3つのディスクに描かれた惑星（男女の区別がない水星と、女性的な性質を持つ月＆金星）は、感情と信頼を表しています。

中央に描かれた緑色、赤色、青色の円と光線は、魔術的な型を示しています。これは、火、水、風が融合し、現実的な形になることを表しています。

背景の豊かな緑色は、肥沃な大地の象徴です。

全体	獲得、利益、満足、好評、改良、人気、物質的な豊かさ
仕事	やりがいのある仕事、満足できる事業内容、快適な職場環境
恋愛	うれしい恋の出会い、幸せな展開、片想いが実る、一緒にいることで心が満たされる、良縁に恵まれる
勉強	学習の成果が出る、充実したテキスト、満足できる授業
健康	健康的なライフスタイル、栄養バランスの良い食生活、体を鍛える
お金	収入アップ、利益を出す、お金儲けのチャンス
人間関係	人に恵まれる、偶然の巡り合わせ、良い関係
人物の特徴	自信がある人、幸運な人、成功者、実業家
アドバイス	幸運を信じよう
注意点	利益を出すタイミングを見失わないように

ディスクの 10 【Wealth 富】
<small>ウェルス</small>

Keyword キーワード ～富～

数とエレメント：
10　地のエレメント

占星術：
乙女座の水星

生命の樹：
マルクト（王国）

今日の運勢

たわわに実った果実を収穫するチャンス到来！　今日のあなたは、とても恵まれています。必要な資源や財源を、自由に使うことができるでしょう。商談をまとめようとしていたり、儲け話をもちかけられているなら、今日はその実現のために奔走しましょう。思い切ってアタックすれば、満足できる利益と成果を手に入れることができるはず。

Theme
物質的な豊かさと心の豊かさに気付く

　このカードは第 10 のセフィラであるマルクト（王国）に対応し、エネルギーの流出を表します。10 個のディスクは「生命の樹」の形に配置され、これは、内面的な（心の）豊かさを象徴しています。一方、コイン（貨幣）に変わったディスクは、外面的な（物質的な）豊かさを象徴しています。

　最も大きく描かれているディスクは、「生命の樹」の中で一番低いマルクトの位置にあります。これの位置は大地に相当します。物を所有することにこだわり過ぎたり、現実的なことに執着し過ぎたりする危険性を表しています。

　占星術では、乙女座の水星と対応します。獲得した富を貯め込むだけでなく、他の目的に使わなければ、その富は価値を失うという意味があります。ディスクに描かれた水星のマークは、器用にお金を稼ぎ、上手に使う様子を表しています。

　カードの背景は紫色と黒色に塗られ、ムダな努力をすることに警笛を鳴らしています。

全体	富、豊かさ、成功、安全な環境、目標達成
仕事	仕事に満足する、豊富な予算、職場で優遇される、快適なオフィス、交渉に成功する
恋愛	うれしい関係、安定した関係、一緒にいることが楽しい、心が満たされる恋愛、贅沢なデートを楽しむ
勉強	奨学金を得る、学費の高い学校に通う、潤沢な研究費
健康	健康に投資する、高度な医療を受ける、保険外診療
お金	豊富な資金、大金を手にする、金銭感覚が麻痺する、宝の持ち腐れ
人間関係	楽しい交流、パーティー仲間、有益な人脈
人物の特徴	穏やかな人、寛大な人、セレブリティ、資産家、富豪
アドバイス	良い仕事をして、成功を楽しもう
注意点	物質的・金銭的な豊かさに執着しないように

Column.2

クロウリーとロックミュージシャン

　「偉大な魔術師」と賞賛される一方で「悪魔に魂を売った極悪人」と非難され、賛否両論のアレイスター・クロウリー。当時の人々に与えたインパクトは強く、特に1960年〜70年代のカウンターカルチャーに大きな影響を与えました。彼の黒魔術に触発されて作品を発表するアーティストもおり、特にロックミュージシャン達の中にクロウリーのファンが多かったようです。

　ビートルズは、8作目のアルバム『サージェント・ペパーズ・ロンリー・ハーツ・クラブ・バンド』のジャケットにクロウリーを登場させています。このジャケット写真には大勢の有名人が並んでいますが、コラージュ写真の最後列・左から2番目にクロウリーの姿を確認できます。

　また、ヘヴィメタルミュージシャンのオジー・オズボーンは『ミスター・クロウリー』というタイトルの楽曲を作り、"Mr. Crowley, did you talk to the dead？（クロウリー、君は死者と話したのか？）"と歌っています。

　さらに、ロックギタリストのジミー・ペイジは、クロウリーの熱心な信奉者だったと言われています。ネス湖畔に建つクロウリーの元邸宅を購入し、別荘として所有していたほどです。また、レッド・ツェッペリン時代の第3作目のアルバム『レッド・ツェッペリン Ⅲ』に、クロウリーの提唱した"Do What Thou Wilt（汝の意志することを為せ）"という言葉を取り入れました。

　このように、多くの有名ミュージシャン達の作品にクロウリーが登場しています。しかし、彼らが本気でクロウリーに心酔していたかどうかは、定かではありません。体制への反抗を歌うロックミュージシャンは、「アウトローの象徴」としてクロウリーを作品に取り入れたのではないかという説もあります。ただ、数々の楽曲に登場するクロウリーの存在は、多かれ少なかれ、当時のミュージシャン達にインパクトを与えたと言えるのではないでしょうか。

第4章
タロット占いの実践

1. タロット占いをする前に

タロットに描かれたシンボルを通して「ハイヤーセルフ」とつながる

　タロットを占いに使う場合、それは問題解決の道具として活躍します。タロットは、混乱した状況に客観的なアドバイスをもたらします。また、自分でも気付いていない深層心理や隠れた問題を指摘し、その解決方法を明らかにしてくれるのです。

　タロット占いでは、「ハイヤーセルフ」と情報をやり取りするために、タロットに描かれたシンボルを使います。ハイヤーセルフとはあなたのエネルギーと意識が集合する部分で、「高次の魂」とも呼ばれています。

　タロットのシンボルは、ハイヤーセルフからのメッセージを受け取り、宇宙とつながることを可能にします。そのため、タロットリーダーはタロットのシンボルの本質的な意味を深く理解することが必要です。瞑想と学習を通して、スピリチュアルな感性を刺激し、ハイヤーセルフとアクセスする感覚を磨きましょう。

タロット占いをするときの約束として「絶対」はないことを肝に銘じる

　タロット占いは、未来を予言するものではありません。宇宙は絶えず変化し続ける混沌とした体系であり、人の力でコントロールすることはできません。タロットは未来の予兆や展望を教えてくれますが、その結果通りになるとは限らないのです。そのため、タロット占いの結果は「絶対」ではないということを理解しておくことが重要です。

　また、病気、生命、寿命に関することを占ってはいけません。それらの相談をされた場合は、まず医師の診断を受けるようアドバイスしましょう。

2. 質問テーマを決めるコツ

タロットはあなたの意思に反応する
できるかぎり具体的な質問に絞り込むこと

　タロット占いを成功させるためのポイントは、適切な質問をすることです。質問が具体的であるほど、ハッキリした結果が出ます。抽象的な質問をすると、あいまいな結果が出て、余計に迷ってしまうことがあります。そのため、できるだけ具体的な質問を設定するようにしましょう。

　タロットは質問の内容に深く詳細な情報を与え、あなたの意思決定を助けてくれます。「イエス」か「ノー」で答えられる単純な質問をする代わりに、「これをしたら、どうなる?」「これをしなかったら、どうなる?」というような形式で質問するようにしましょう。その方が、カードからより多くの情報を得ることができます。

　ただし、同時に複数の質問をしてはいけません。たとえば「北海道か沖縄に行くべきか?」ではなく、「北海道へ行ったらどうなる?」もしくは「沖縄へ行ったらどうなる?」というように、1つのテーマに絞り込んで質問しましょう。

　また、対象期間の設定も重要なポイントです。占う期間は、3ヶ月、半年、1年など相談者のリクエストによって自由に設定できます。ただ、「来年どうなるか?」よりも「来月どうなるか?」というように、占う対象の時期を近未来に設定した方が、より実際的で適切な解答が出る傾向があります。

3. タロット占いの手順

精神統一からリーディングまで
自分のスタイルを決める

　タロット占いにはさまざまな方法があります。どれが正しいということはないので、自分のやりやすい方法で自由に占ってみてください。ただし、一度自分のスタイルを決めたら、それを守る方がよいでしょう。

　参考までに、基本的なタロット占いの手順をご紹介します。

Step.1　精神統一

　占いを始める前に、精神を統一します。深呼吸をするのもよいですし、瞑想をするのもよいでしょう。あなたの心が落ち着く方法を実践してみてください。

Step.2　占うテーマを決定する

　「何を占うのか」というテーマを具体的に設定した方が、リーディングの結果もハッキリ出ます。前項を参考にして、テーマを決めましょう。
　質問したいことが決まったら、この時点でどのスプレッド（展開法）で占うかを決めます。相談のテーマにふさわしいと思うスプレッドを選びましょう。

Step.3　カードを混ぜる（シャッフル）

　　占うテーマをイメージしながら、カードをよくかき混ぜます。シャッフルの目的は、気持ちを落ち着け、意識を集中させることです。混ぜる方向は、時計回り、反時計回り、どちらでもかまいません。シャッフルする回数も自由です。机の上のスペースをめいっぱい使って、カードをよく混ぜるようにしましょう。シャッフルが終わったら、すべてのカードを1つにまとめます。

Step.4　カードを切る（カット）

　　カードを混ぜ終わったら、カットをします。3つのパイル(山)に分けて、また1つに戻す方法が一般的です。相談者にカットしてもらうのもよいでしょう。

Step.5　カードを展開する（レイアウト）

　　カットが終わったら、上から順番にカードをめくり、スプレッド（展開法）の位置と順番に従って並べます。並べ終えたら、残りの使わないカードは脇に置いておきます。

Step.6　カードを解釈する（リーディング）

　まず、並べられたすべてのカードをざっと眺めて、全体的な勢いや流れを見ましょう。それから、カードの象徴やメッセージを、時系列に従って、つながりのあるストーリーにしてみましょう。

4. 逆位置

トート・タロットの最大の特徴として
逆位置の解釈を考慮しない点が挙げられる

　タロットのリーディングでは、カードの正位置だけを読む、正位置と逆位置を合わせて読むなど、いくつかのパターンがあります。なお、トート・タロットを使う場合は、占い結果を解釈する際に正位置と逆位置の区別をつけません。

　カードをよく見るとわかりますが、トート・タロットの裏面にはバラ十字の模様が描かれていて、どちらが上でどちらが下か、ハッキリしています。そのため、シャッフルやカットの段階で、どのカードが逆さまになっているかわかってしまいます。カードを展開する前に正逆がわかると先入観が生じてしまうため、正位置と逆位置の違いでリーディングの解釈を変えないのです。

　ただし、正位置と逆位置を区別しない代わりに、カードの4エレメントの属性と、それぞれの関係性を重視します。詳細は、次項をご参照ください。

5. 解釈のコツ

4エレメントとの関係に注目すると
カード同士の相性がわかる

　トート・タロットは、正位置と逆位置を区別しない代わりに、カードの4エレメントの属性と、それぞれの関係性を重視します。相性の悪いエレメントのカード同士は互いの意味を弱め合い、相性の良いエレメントのカード同士は互いの意味を強め合います。また、同じエレメントに属するカード同士は、良くも悪くも意味を強め合います。

　具体的な例を挙げると、ワンド（棒）とカップ（杯）は火と水の関係で相性が悪く、カードの意味を弱め合います。同じく、ソード（剣）とディスク（円盤）も風と地の関係で相性が悪く、意味を弱め合います。一方、ワンド（棒）とソード（剣）、カップ（杯）とディスク（円盤）は良い相性となり、カードの力がポジティブに働きます。また、アテュ（大アルカナ）では、カードが対応する占星術のサインがどのエレメントに属するか、また惑星であればどのサインのルーラー（守護星）であるかで判断します。

　たとえば、「Ⅹ 運命」のカードは火のエレメントに対応します。火は風と相性が良いので、「ソード（剣）」のカードや風に関係するアテュのカードと隣り合っていたり、囲まれていたりすると、ポジティブな側面が出てくると判断します。一方、火は水と相性が悪いので、近くに「カップ（杯）」のカードや水の属性を持つカードがあると、「Ⅹ 運命」の力が弱められたり、ネガティブな側面が強調されたりする、と判断します。

　次頁に、「4エレメントの相性」と「アテュと4エレメントの関係」をまとめました。

■ 4エレメントの相性（表）

	ワンド(棒)＝火	ソード(剣)＝風	カップ(杯)＝水	ディスク(円盤)＝地
ワンド(棒)＝火	—	◎	×	○
ソード(剣)＝風	◎	—	○	×
カップ(杯)＝水	×	○	—	◎
ディスク(円盤)＝地	○	×	◎	—

■ 4エレメントの相性（図）

```
火 ──── ○ ──── 地
│  ＼      ／  │
│    ×  ×    │
◎      ╳      ◎
│    ／  ＼    │
│  ／      ＼  │
風 ──── ○ ──── 水
```

■ アテュと4エレメントの関係

	カード名	エレメント＆ 惑星＆サイン	エレメント
0	0. 愚者 【The Fool】	風のエレメント	風
1	I. 魔術師【The Magus】	水星	地、風
2	II. 女司祭【The Priestess】	月	水
3	III. 女帝 【The Empress】	金星	地、風
4	IV. 皇帝 【The Emperor】	牡羊座	火
5	V. 神官 【The Hierophant】	牡牛座	地

6	VI. 恋人【The Lovers】	双子座	風
7	VII. 戦車【The Chariot】	蟹座	水
8	VIII. 調整【Adjustment】	天秤座	風
9	IX. 隠者【The Hermit】	乙女座	地
10	X. 運命【Fortune】	木星	火
11	XI. 欲望【Lust】	獅子座	火
12	XII. 吊るされた男【The Hanged Man】	水のエレメント	水
13	XIII. 死神【Death】	蠍座	水
14	XIV. 技【Art】	射手座	火
15	XV. 悪魔【The Devil】	山羊座	地
16	XVI. 塔【The Tower】	火星	火
17	XVII. 星【The Star】	水瓶座	風
18	XVIII. 月【The Moon】	魚座	水
19	XIX. 太陽【The Sun】	太陽	火
20	XX. 永劫【The Aeon】	火のエレメント	火
21	XXI. 宇宙【The Universe】	土星	地

カバラの「生命の樹」との関連に注目
カードとセフィラの関係性を解釈に応用する

　トート・タロットの各カードがカバラの「生命の樹」と関連しているのは、前述した通りです。この関係性を、カードの解釈に応用しましょう。
　たとえば、「3枚引き」で占って、次のカードが出たとします。

【過去】　　　　　【現在】　　　　　【未来】

ソードの3（悲しみ）　Ⅲ 女帝　　ワンドの6（勝利）

　一見すると関連がないように見えるこの3枚のカードですが、「生命の樹」のセフィラに照らし合わせて考えてみると、共通点があることがわかります。
　まず、過去を示す位置に出た「ソードの3」は、「生命の樹」のセフィラではソードが「ティファレト」に、3が「ビナー」に関連します（【表1】と【表2】を参照）。
　次に、現在を示す位置に出た「Ⅲ女帝」は、「生命の樹」では「コクマー」と「ビナー」の2つのセフィラをつなぐ径（パス）に関連します（【表3】参照）。
　さらに、未来を示す位置に出た「ワンドの6」は、「生命の樹」のセフィラではワンドが「コクマー」に、6が「ティファレト」に関連します（【表1】と【表2】を参照）。
　これらの結果をまとめると、下記のようになります。

カードの位置	出たカード	生命の樹
過去	ソードの3（悲しみ）	ティファレト&ビナー
現在	Ⅲ 女帝	コクマー＝ビナー
未来	ワンドの6（勝利）	コクマー&ティファレト

過去のカード「ソードの3」が属する「ビナー」は、現在のカード「Ⅲ女帝」につながります。そこから「コクマー」を通して、未来のカード「ワンドの6」につながります。さらに、未来のカード「ワンドの6」が属する「ティファレト」を通じて過去のカード「ソードの3」とつながっている、という見方もできます。

　このように、「生命の樹」における各カードの相互関係に注目することで、過去、現在、未来が緊密に関連していることがわかります。

【表1】スートと4エレメントとセフィラの関連

	ワンド（棒）	ソード（剣）	カップ（杯）	ディスク（円盤）
エレメント	火	風	水	地
エレメントの性質	情熱、直感	知性、思考	感情、情緒	現実、感覚
セフィラ	コクマー	ティファレト	ビナー	マルクト

【表2】スモールカード（数札）とセフィラの関連

数字	セフィラの名前	セフィラの意味
1	ケテル	王冠
2	コクマー	知恵
3	ビナー	理解
4	ケセド	慈悲
5	ゲブラー	正義
6	ティファレト	美
7	ネツァク	勝利
8	ホド	栄光
9	イエソド	基礎
10	マルクト	王国

【表3】アテュと「生命の樹」の関連

	カード名	生命の樹のパス
0	0. 愚者 【The Fool】	ケテル＝コクマー
1	I. 魔術師【The Magus】	ケテル＝ビナー
2	II. 女司祭【The Priestess】	ケテル＝ティファレト
3	III. 女帝 【The Empress】	コクマー＝ビナー
4	IV. 皇帝 【The Emperor】	ネツァク＝イエソド
5	V. 神官 【The Hierophant】	コクマー＝ケセド
6	VI. 恋人 【The Lovers】	ビナー＝ティファレト
7	VII. 戦車 【The Chariot】	ビナー＝ゲブラー
8	VIII. 調整 【Adjustment】	ゲブラー＝ティファレト
9	IX. 隠者 【The Hermit】	ケセド＝ティファレト
10	X. 運命 【Fortune】	ケセド＝ネツァク
11	XI. 欲望 【Lust】	ケセド＝ゲブラー
12	XII. 吊るされた男【The Hanged Man】	ゲブラー＝ホド
13	XIII. 死神 【Death】	ティファレト＝ネツァク
14	XIV. 技 【Art】	ティファレト＝イエソド
15	XV. 悪魔 【The Devil】	ティファレト＝ホド
16	XVI. 塔 【The Tower】	ネツァク＝ホド
17	XVII. 星 【The Star】	コクマー＝ティファレト
18	XVIII. 月 【The Moon】	ネツァク＝マルクト
19	XIX. 太陽 【The Sun】	ホド＝イエソド
20	XX. 永劫 【The Aeon】	ホド＝マルクト
21	XXI. 宇宙 【The Universe】	イエソド＝マルクト

6. エッセンスアドバイス

スプレッドで出たカードの
すべての合計数にも意味がある

　タロットリーディングの応用編として、「エッセンスアドバイス」をご紹介します。
　タロットカードのリーディングが終わったら、出たカードのすべてのカード番号を合計し、その数字がタロットのアテュ（大アルカナ）の数字になるまで足していきます。そして出た数字に関連するカードは、象徴的なアドバイスをくれます。そのカードの意味と照らし合わせて、「エッセンスアドバイス」を導き出しましょう。
※コートカード（人物札）は「0」として計算します。

（例1）合計数が 123 の場合。　1＋2＋3＝6
「Ⅵ 恋人」のカードの「エッセンスアドバイス」を参照

（例2）合計が 237 の場合。　2＋3＋7＝12＝1＋2＝3
「Ⅻ 吊るされた男」と「Ⅲ 女帝」のカードの「エッセンスアドバイス」を参照

■ エッセンスアドバイスの意味

数字	アテュ （大アルカナ）	エッセンスアドバイス
1	魔術師	リーダーシップを発揮しましょう。積極的に、自分のやるべきことをしましょう。
2	女司祭	準備をしましょう。そして、自然な流れに身を任せましょう。あなたの内なる声が、いつ何をすべきか教えてくれます。それを信頼しましょう。
3	女帝	あなたはとても恵まれています。自分に備わった魅力と才能を信じましょう。何かを始めるときは、自由な発想でアイデアを膨らませましょう。

4	皇帝		その問題に真剣に取り組みましょう。現実的な対処法を考えてみて。計画を実行する際は、粘り強く、自信を持って挑戦しましょう。
5	神官		本当に価値のあるものを見つけましょう。つまらないことに執着するのはやめること。そこに隠れている真実に注意を払いましょう。
6	恋人		決断のときです。独力でやるべきことがありますが、周囲の人達の力を素直に借りることも大切です。じっくり状況を見極めましょう。
7	戦車		集中して、すぐに行動を開始しましょう。明確な目標を定めたら、そこに向かってまっすぐ突き進んで。
8	調整		慎重に物事を判断しましょう。冷静に状況を見て、分別のある行動を心がけ、よく考えた上で決断しましょう。
9	隠者		あなたが本当に求めているものは何でしょうか。自分の心に問いかけてみて。他の人の意見に惑わされないこと。大事なことほど、自分で決めましょう。
10／1	運命／魔術師		質問したテーマについて、自分がやるべきことは何かハッキリさせましょう（運命）。そのテーマに役立つ勉強をして、技術をマスターしましょう（魔術師）。
11／2	欲望／女司祭		あなたの要望をハッキリ示しましょう。あなたの内なる声（女司祭）が良い方向へ導いてくれると信じて、情熱を持って取り組みましょう（欲望）。
12／3	吊るされた男／女帝		窮地に陥っているのなら、それは発展と成長のチャンスです。視点を変えると状況も一変して、チャンスの芽が出てきます（吊るされた男）。それは、スクスクと成長するでしょう（女帝）。
13／4	死神／皇帝		新しいものを生み出し、盤石なものにするためには（皇帝）、古いものを終わらせなくてはなりません（死神）。
14／5	技／神官		相反するものを混ぜ合わせてみて。いろいろなものが溶け合う「るつぼ」を体験しましょう（技）。すると、全く新しいものが生まれたことを実感できるでしょう（神官）。
15／6	悪魔／恋人		あなたの心の奥底に隠された欲望を受け入れましょう。自由な決定ができるように（恋人）、自分の心を解放しましょう（悪魔）。
16／7	塔／戦車		限界を突破しましょう。しがらみがんじがらめになっているのなら、すべてをリセットしましょう（塔）。そして、勇気と覚悟を持って、新しいスタートを切りましょう（戦車）。

17／8		星／調整	テーマを俯瞰して考えてみて。あなたの可能性と限界を考えましょう（星）。行くか、戻るか、止まるか……決断の鍵はあなたが握っています。賢明な決断をしましょう（調整）。
18／9		月／隠者	不安を取り除きましょう。遠くに見える、かすかな希望の光を探してみて（月）。人の言うことに影響されすぎず、自分の素直な気持ちに従いましょう（隠者）。
19／10／1		太陽／運命／魔術師	もっと気軽に考えてみましょう。楽観的なアプローチをしてみて（太陽）。今こそ、このテーマについて、じっくり取り組みたいタイミングです（運命）。そして、あなたにはそれをやり遂げるための能力と技術が備わっています（魔術師）。
20／2		永劫／女司祭	未来への希望を持ちましょう（永劫）。同時に、あなたの内なる声を信じてください（女司祭）。それはあなたを明るい方へ導いてくれるでしょう。
21／3		宇宙／女帝	そのテーマに関する、あなたの使命はなんでしょう。自分の居場所を見つけ、やるべきことを考えてみてください（宇宙）。その問題を鮮やかに解決し、良い方向へ発展させるための、素晴らしい方法が見つかるでしょう（女帝）。
22／4		愚者※／皇帝	もっと自信を持ちましょう（皇帝）。そして、自由になりましょう（愚者）。新しいことに取りかかる前に、結果を決めつけないように。

※愚者は0のカードですが、エッセンスナンバーでは22を表します。

Column.3

黄金の夜明け団（ゴールデン・ドーン）

　トート・タロットが誕生した背景を考える際に、「黄金の夜明け団（ゴールデン・ドーン）」は無視できない存在です。トート・タロットが「黄金の夜明け団」が教義の中心にしていた「カバラ（生命の樹）」の配置に従って構成されていることからも、その影響は明らかです。

　「黄金の夜明け団」は、1888年にイギリスで創設された魔術結社です。その教義や体系化された魔術理論、階級制のシステムなどは、現代の魔術界に大きな影響を与えました。最盛期には100名以上の団員が所属するほど大きな組織でしたが、1902年、たび重なる内紛の末に、歴史の表舞台からその姿を消しました。

　クロウリーが「黄金の夜明け団」に加入したのは1898年、23歳のときです。彼は熱心な修行によって魔術の力を磨き、猛スピードで昇段しました。彼は団内でも優秀な魔術師として一目置かれていましたが、同時に「異端児」として疎んじる団員もいたようです。結果的に、1900年、クロウリーは内紛をきっかけに、団を追い出されてしまいました。彼が「黄金の夜明け団」に在籍したのは2年足らずでしたが、そこで学んだことが彼の魔術的知識の基礎になったのです。

　ちなみに、「タロット制作者」「黄金の夜明け団員」としてクロウリーと共通点があるのは、ウェイト版タロットの制作者として著名なアーサー・エドワード・ウェイトです。彼は1891年に「黄金の夜明け団」に入団し、1910年にウェイト版タロットを発表しました。ウェイト版タロットは初心者にも扱いやすいタロットデッキとして、日本でも大人気です。難解でわかりづらいと思われがちなトート・タロットとは対照的ですが、実はどちらも「黄金の夜明け団」の教義に基づいているという共通点があったのです。

第5章
スプレッド

1 枚引き

```
┌─────┐
│     │
│  1  │
│     │
└─────┘
```

スプレッドの特徴

　シンプルに、1枚だけカードを引いて占う方法です。どんなテーマにも対応し、自由に質問を設定することができます。初心者の方は、「今日の運勢」というテーマで毎朝1枚ずつ引き続けると、よいリーディングの練習になります。

◆ カードの意味	◆ 質問例
あなたが質問したことへの答え	「今日の運勢は?」「あの人は私のことをどう思っている?」「就職できる?」「この計画は成功する?」「私の人生のテーマは?」など。

リーディングの方法

　カードを引く前に、占いたいテーマをできるだけ具体的に、ハッキリ決めておくことが大切です。あいまいな気持ちで引くと、リーディングが中途半端になってしまいます。

　「今日の運勢」を占う場合は、出たカードの解説頁を参照しましょう。人生のテーマ、仕事、恋愛、健康、人間関係、アドバイス、注意点を占う場合も、同じく解説を参考にしてみてください。

② 3枚引き

| 1 | 2 | 3 |

スプレッドの特徴

　過去、現在、未来という時系列で占うスプレッドです。自分のことを占いたいときはもちろん、特定の環境や状況を占うのにも適しています。

◆ 各位置のカードの意味

1　過去
2　現在
3　未来

リーディングの方法

　まず、現在の状況を示す2のカードに注目します。次に、1（過去）と2（現在）、2（現在）と3（未来）のカードを見比べてみましょう。それぞれのカードに共通点や相違点はあるでしょうか。3枚のカードは、どのような影響を与え合っているでしょうか。1枚ずつバラバラにリーディングするのではなく、過去→現在→未来という時系列でストーリーを作ってみましょう。

３ 二者択一

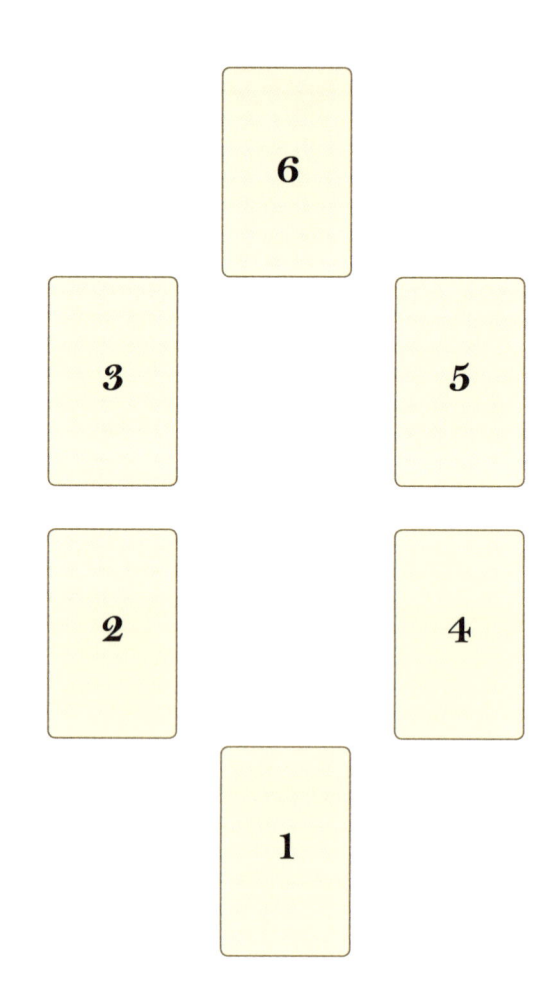

```
         ┌───┐
         │ 6 │
         └───┘
┌───┐           ┌───┐
│ 3 │           │ 5 │
└───┘           └───┘
┌───┐           ┌───┐
│ 2 │           │ 4 │
└───┘           └───┘
         ┌───┐
         │ 1 │
         └───┘
```

スプレッドの特徴

　2つの選択肢があって、どちらを選ぼうか迷っているときに使うと便利なスプレッドです。カードをシャッフルする前に、どちらがAでどちらがB か、選択肢をハッキリ決めておきましょう。

> ◆ 各位置のカードの意味
> 1　現状
> 2　Aを選んだ場合の成り行き
> 3　Aを選んだ場合の結果
> 4　Bを選んだ場合の成り行き
> 5　Bを選んだ場合の結果
> 6　アドバイス

リーディングの方法

　まず、1のカードに注目します。ここに現在の状況が表れます。
　次に、2と3のカードからAを選んだ場合にどうなるかを見て、4と5のカードからBを選んだ場合にどうなるかを見ます。ここで、AとBのどちらを選べばよいか明らかにわかる場合は、この時点で判断を決めてもよいでしょう。
　さらに、2と4（成り行き）、3と5（結果）をそれぞれ見比べてみましょう。どちらを選ぶか判断しにくい場合は、3と5（結果）に出たカードのメッセージを優先します。
　最後に、6のカードから全体的なアドバイスを読み取ります。

④ ホロスコープスプレッド

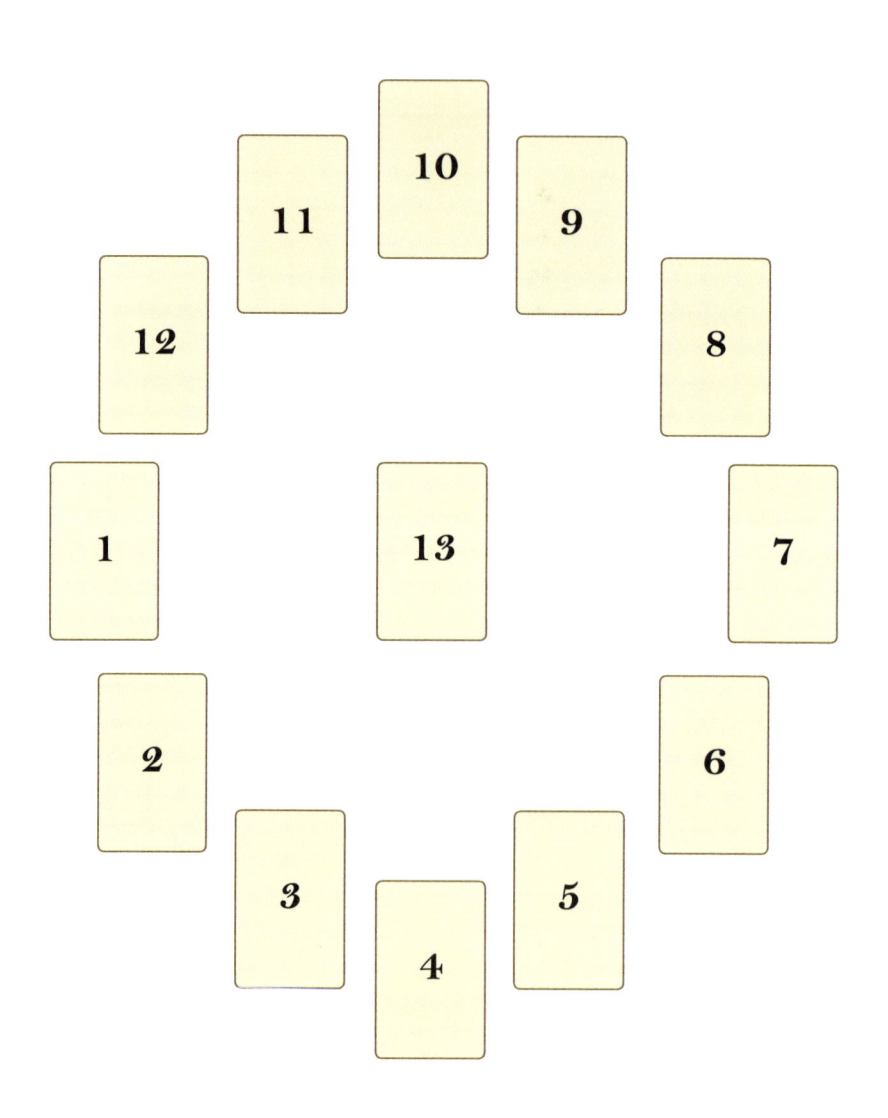

スプレッドの特徴

占星術の「ホロスコープ」の形を模したスプレッドです。テーマの設定を変えることで、さまざまな内容を占うことができます。総合的な運勢を知りたいときや、あらゆるテーマを一度に占いたいときに使うと便利です。

◆ **各位置のカードの意味**

<あらゆるテーマを一度に占う場合>
1 　個性、パーソナリティ
2 　金銭、才能
3 　知識、コミュニケーション、友達
4 　家庭、家族、
　　自分の居場所、ルーツ
5 　恋愛、趣味、子供
6 　健康、自己管理
7 　パートナーシップ、結婚
8 　人から受け継ぐもの、
　　誰かと共有するもの
9 　勉強、研究、旅行、海外
10　仕事、社会的な立場
11　人間関係、ネットワーク
12　秘密、深層心理
13　アドバイス

<1年の運勢を占う場合>
1 　1月
2 　2月
3 　3月
4 　4月
5 　5月
6 　6月
7 　7月
8 　8月
9 　9月
10　10月
11　11月
12　12月
13　アドバイス

<方角を占う場合>
1 　東
2 　東北東
3 　北北東
4 　北
5 　北北西
6 　西北西
7 　西
8 　西南西
9 　南南西
10　南
11　南南東
12　東南東
13　アドバイス

リーディングの方法

「あらゆるテーマを一度に占う場合」と「1年の運勢を占う場合」は、まず気になるテーマや時期の位置に出たカードに注目します。そして、そのカードの意味を掘り下げましょう。さらに、他に関連するカードがないか、スプレッド全体を俯瞰してみましょう。それぞれのカードの関係性に注目すると、より深いリーディングができます。

また、「方角を占う場合」は、まずスプレッド全体を見渡してみましょう。強力なカードが1枚出ていれば、それが吉方位になります。いくつか印象的なカードがあれば、それぞれを見比べて、カードの特徴を吟味しましょう。

5 ヘキサグラムスプレッド

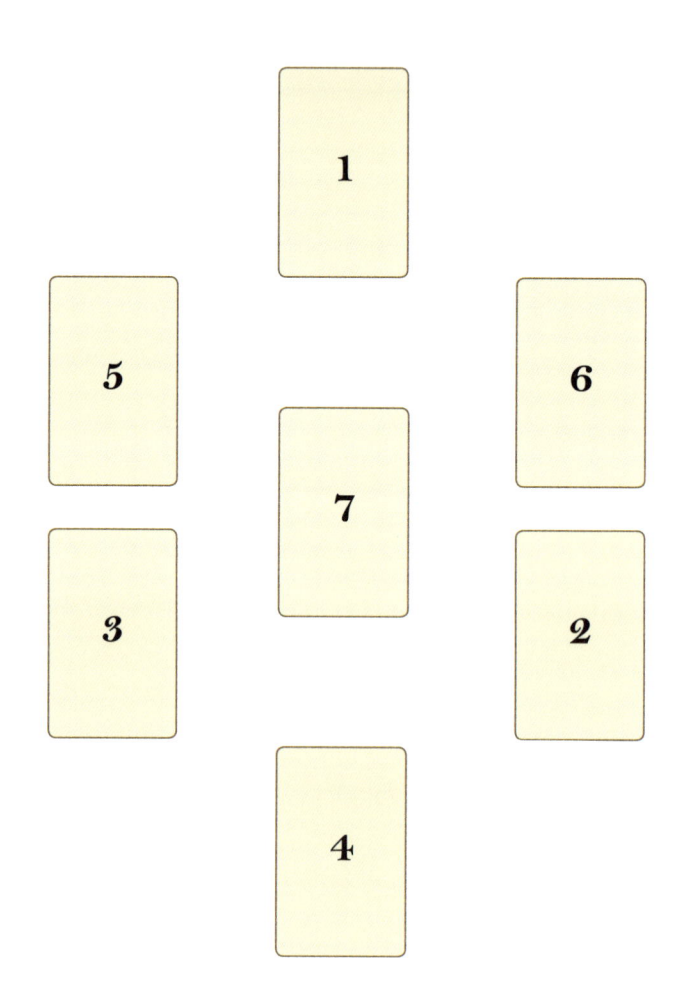

スプレッドの特徴

　六芒星（ヘキサグラム）の形をしたスプレッドです。「過去、現在、未来」の時系列に加え、自分や相手の気持ち、周囲の状況を占うことができます。シンプルでわかりやすく、タロット初心者にもなじみやすい展開法です。

◆ 各位置のカードの意味
1　過去
2　現在
3　未来
4　アドバイス
5　相手の気持ち／周囲の状況
6　本人の気持ち
7　結果

リーディングの方法

　まず、時系列に注目します。1、2、3のカードから、過去、現在、未来の運気の流れを読みましょう。

　次に、5と6のカードを見比べて、自分と相手、自分と周囲の状況、主観と客観など、対比してリーディングしましょう。6のカードが当事者でも意外に思う内容を示している場合は、その人の「深層意識」を表しています。

　そして、4と7に出ているカードを見比べましょう。この2枚のカードのギャップが激しい場合は、慎重な判断が必要です。7（結果）のカードの意味が思わしくない場合は、4（アドバイス）のカードを参考にしましょう。

❻ ハートスプレッド

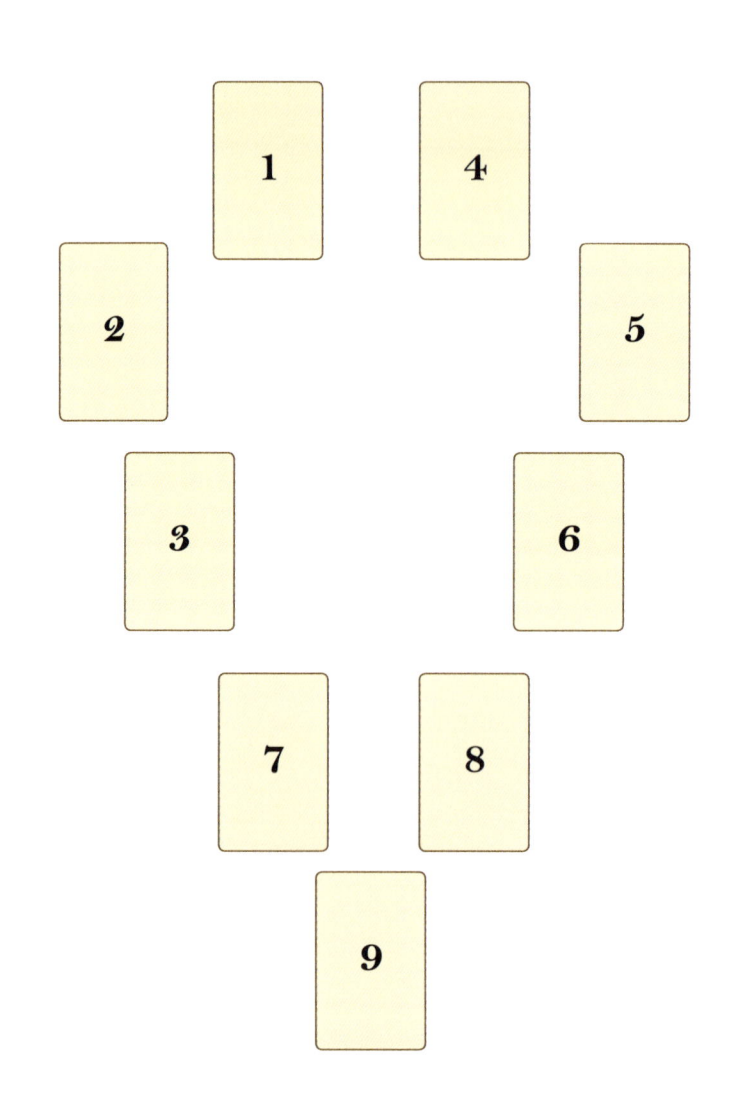

```
    1       4

2               5

   3         6

    7   8

      9
```

スプレッドの特徴

　2人の関係、特に恋愛について占いたいときに便利なハート型のスプレッドです。パートナーとあなたがお互いにどんな気持ちでいるのか、今後の2人はどうなるか、詳細な状況を知ることができます。

◆ **各位置のカードの意味**

1　パートナーに対する私の態度
2　私はパートナーをどう思っているか（私の顕在意識）
3　私はパートナーをどう思っているか（私の潜在意識）
4　私に対するパートナーの態度
5　パートナーは私をどう思っているか（パートナーの顕在意識）
6　パートナーは私をどう思っているか（パートナーの潜在意識）
7　私の未来
8　パートナーの未来
9　2人の未来

リーディングの方法

　このスプレッドは、それぞれのカードを対比させてリーディングすることがポイントです。あなた自身を示すのは1、2、3、7のグループ、パートナーを示すのは4、5、6、8のグループです。まず、そこにどんなカードが出ているのか見てみましょう。特に2と3、5と6の、顕在意識と潜在意識を表すカードに注目します。

　次に、テーマごとにペアとなる、1と4、2と5、3と6のカードを対比させます。共通点や相違点はあるでしょうか。スプレッド全体を眺めてみて、特に勢いの強いカードはどれでしょうか。1枚ずつバラバラにリーディングするのではなく、総合的に判断しましょう。

7 ANKH スプレッド

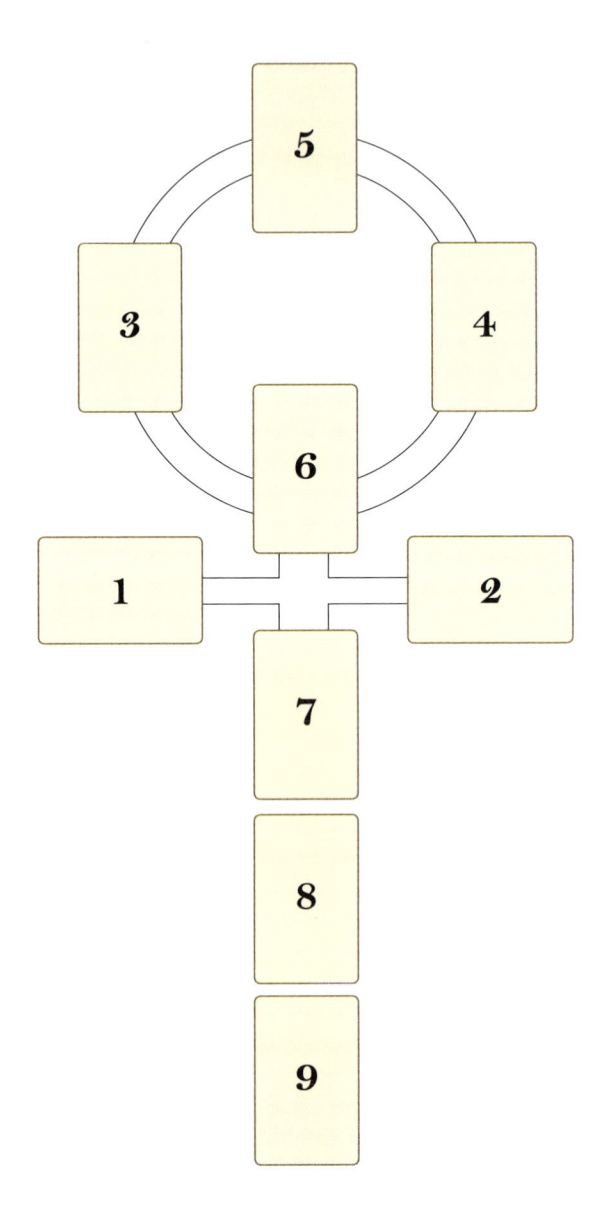

スプレッドの特徴

このスプレッドは、古代エジプトのシンボルであるANKH（アンク十字）の形に基づいています。ある出来事の原因、背景、展望を探求するのに適したスプレッドです。また、どのような方法を取ればよいのか、今後の行動指針を知ることができます。

◆ **各位置のカードの意味**

1＋2　現在の状態（刺激し合う2つのエネルギー）
3　元々の原因
4　引き金となった原因
5　洞察
6　結果
7　次のステップ
8　サプライズ
9　最終結果

リーディングの方法

円形の部分に配置された4枚のカード（3、4、5、6）は、質問テーマに関する感情的な背景と、根本的な原因に関する回答を表しています。一方、十字形の部分に配置された6枚のカードは、現実レベルでどのように問題があるのかを表しています。

最初に、カード1と2を比較して、葛藤や矛盾がないか見てみましょう。2枚のギャップが大きい場合は、危機的な状況を暗示しています。また、どちらのカードも良い展望を示している場合は、どの要素が調和しているか考えてみましょう。

次に、3と4、5と6のカードに注目します。このスプレッドのリーディングで特に重要なのは、カード5と6の解釈です。この2枚には、問題解決の可能性が含まれています。

最後に、7、8、9のカードから、未来の展望を見てみましょう。7の「次のステップ」は「近未来」、9の「最終結果」は「その先の未来」と考えてもよいでしょう。8の「サプライズ」は、7と9の間に起こる「予期せぬ出来事」を示します。ここで強力なカードが出た場合は、9の「最終結果」に大きな影響を与えることになるので、慎重にリーディングしましょう。

⑧ ケルト十字スプレッド

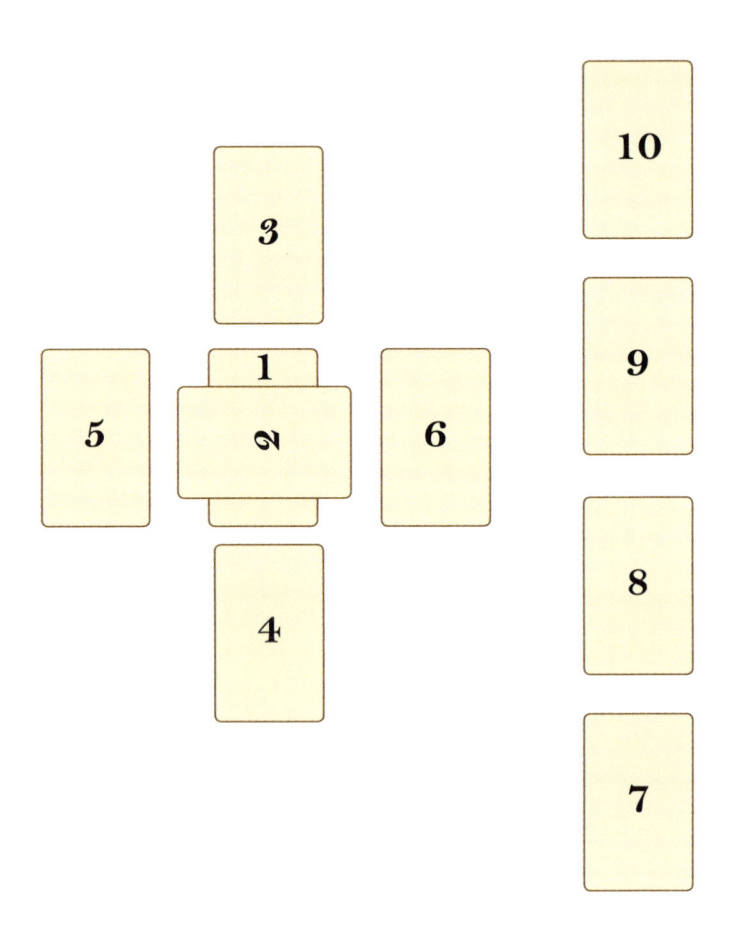

スプレッドの特徴

ケルト十字形をアレンジしたスプレッドです。1つのテーマを掘り下げてリーディングするのに適しています。過去、現在、未来、時系列に沿った運気の流れや、本人の心の内面（潜在意識）を知ることもできます。

◆ **各位置のカードの意味**

1　現状
2　現状への障害
3　本人の顕在意識
4　本人の潜在意識
5　過去
6　近未来
7　本人の立場
8　周囲の状況／相手の気持ち
9　本人の願望もしくは怖れ
10　結果

リーディングの方法

「現状→原因→今後の展開→総括」という流れでストーリーを作ることが、スムーズにリーディングするコツです。

まず、1と2のカードに注目します。特に、1のカードには、問題の本質や重要なポイントが顕著に表れます。

次に、時系列を表す4枚のカードを見てみましょう。「5→1→6→10」の順番で「過去→現在→未来→結果」の流れを把握します。

その次に、3と4のカードに注目します。2枚のカードを対比させながら、潜在意識と顕在意識の共通点やギャップを読み取ります。

さらに、4と9のカードを見比べましょう。4と9のカードが矛盾する場合は、本人の心の葛藤が激しいことを示唆しています。逆に、4と9のカードが調和している場合は、本人の意志が固まっているということがわかります。また、特定の相手がいる場合は、8に焦点を当てて「相手の気持ち」を読みましょう。

なお、10枚のカードを総括した後、「今後どうすればよいか」を知りたい場合は、もう1枚補足的に「アドバイス・カード」を引いてもよいでしょう。

⑨ 生命の樹スプレッド

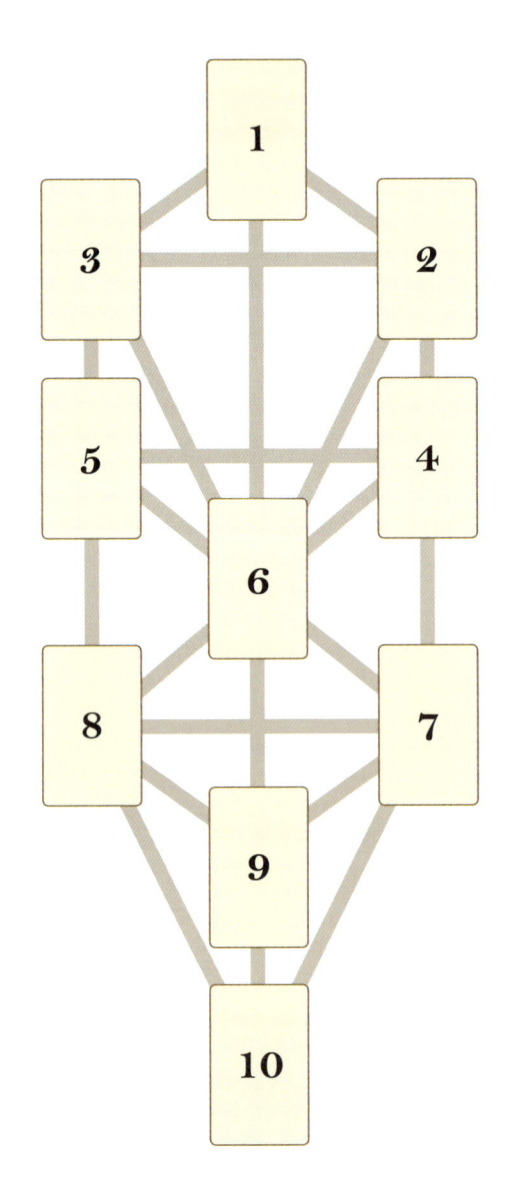

スプレッドの特徴

カバラの「生命の樹」の形を模したスプレッドです。人生の方向性を知りたいときや個人的な魂の成長が必要なときに使います。自分のことを深く掘り下げてリーディングすることによって、インスピレーションを磨き、心を解き放つことができるでしょう。

◆ **各位置のカードの意味**

1　個性
2　潜在意識
3　顕在意識
4　才能
5　挑戦
6　問題の核心
7　願望
8　チャンス
9　ルーツ
10　環境

リーディングの方法

このスプレッドは、ひらめきにしたがってリーディングすることがポイントです。まず、スプレッドを上から下へ眺めてみましょう。レイアウトの流れに任せて、それぞれのカードの勢いを感じ取りましょう。

次に、下から上へリーディングします。それぞれのカードを分析しようとせず、ただ各カードの関係性に思いを巡らせてみましょう。

カードを眺めている間に、このスプレッドがあなたにとってどんな意味があるのか、突然ひらめくかもしれません。最初はなかなかインスピレーションを得られないかもしれませんが、焦らないようにしましょう。

「生命の樹」の秘密の力は、あなたの心の中にある「真実」を発見するためのサポートをしてくれます。

⑩ 女司祭スプレッド

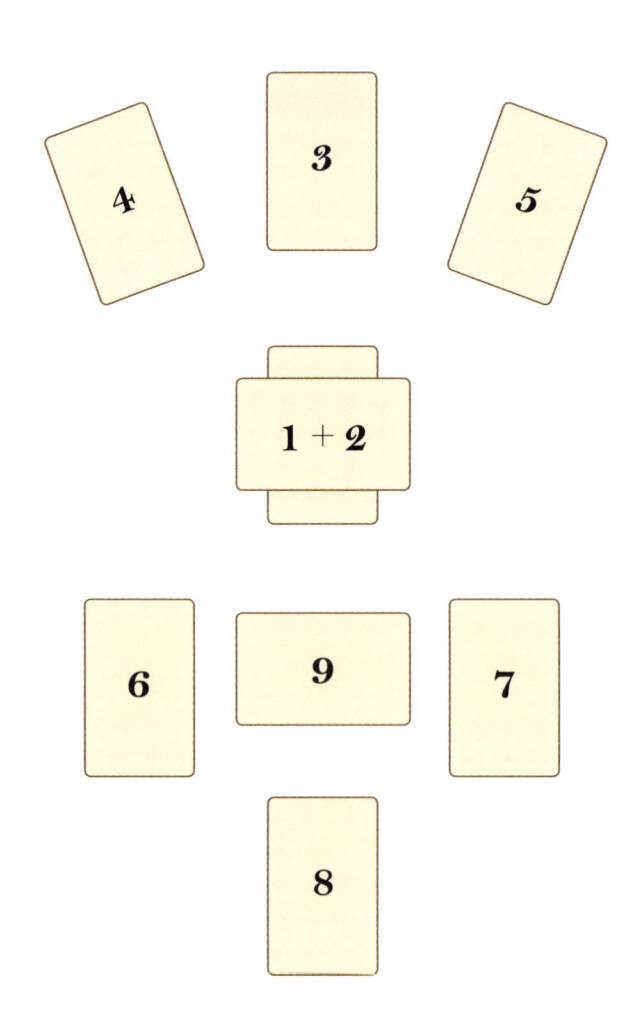

	3	
4		5

1＋2

| 6 | 9 | 7 |

8

スプレッドの特徴

「Ⅱ 女司祭」のカードの図柄を模したスプレッドです。質問テーマの成り行きや、隠された背景がわかります。また、現状を明らかにする答えがほしいときに役立ちます。

◆ **各位置のカードの意味**

1＋2　女司祭の胸についた十字＝質問のテーマ
（3、4、5のカードは、女司祭の王冠の三つのムーンフェイズ（月相）と関連している。質問のテーマに対する影響力を示す）
3　満月＝今のあなたに強く影響を与えているもの
4　膨らむ月＝カード3の影響を強める力
5　欠ける月＝カード3の影響を抑える力
（女司祭の両脇にある2枚のカード）
6　闇にあるもの＝潜在意識
7　光の中にあるもの＝顕在意識
8　女司祭の足元にある月の船＝どこへ向かうか、次に何が起こるか
9　女司祭の膝の上にある弓矢＝秘密

リーディングの方法

1と2のカードからリーディングを始めます。1のカードは現状を、2のカードは追加テーマを表します。そして、2枚の関係はどうなっているか判断します。

次に、3、4、5のカードから、時系列ごとの影響をリーディングします。その後、7→6の順番で、顕在意識と潜在意識を判断します。6のカードに表れる無意識の世界の「内なる原動力」は、7のカードよりも強い影響があります。

その次に、未来を示す8のカードに注目します。そして、4、6、8のカードをセットで見てみましょう。8のカードは4のカードが表す「未来への強い影響力」の結果を示します。また、6のカードの「いずれ明らかになる潜在意識」を受けて、8のカードには「あなたの魂が求める願望」が表れます。

最後に、9番目のカードを開きます。もしそのカードがアテュなら女司祭の秘密が明らかになり、質問テーマに潜む動機、理由、目的がわかります。ただ、そのカードがアテュ以外なら、秘密は隠されたままです。その場合、エッセンスアドバイスでは、9番目のカードはエッセンスナンバーの計算に含めません。

Column.4

3人の魔術師

　トート・タロットには、「The Magus（魔術師）」のカードが3枚入っているデッキが存在します。「魔術師」といえばアテュ（大アルカナ）の"Ⅰ"であり、デッキの中でも重要なカードです。それが3枚もある、しかもすべてデザインが異なる、ということで、トート・タロット愛好家達の間で話題になりました。「クロウリーは『魔術師』のカードが3枚含まれているタロットデッキを作ろうとしていた」という噂が流れたこともあったようです。さて、本当にクロウリーはこれまでのタロットの形式を壊そうといたのでしょうか。

　"3人の魔術師のミステリー"の真相はこうです。スタンダードなタロットデッキには、大アルカナ22枚、小アルカナ56枚、合計78枚のカードが含まれています。カードを製造する際、1枚の大きなシートにカード20枚分を印刷できるとすると、1つのデッキを作るためには4シート必要です。すると、一度に80枚のカードを印刷するスペースができます。多くの出版社は2枚分の余ったスペースに、宣伝用や説明用のカードを印刷しています。ところが、スイスのカード販売会社AGMUELLERは、トート・タロットファンへのボーナスとして粋な計らいをしました。カードを印刷する際にできた余分なスペースに、初期のバージョンの「魔術師」の絵を印刷したのです。それらは、ハリスが一度完成させたものの、後からクロウリーがボツにした作品でした。

　「3人の魔術師には偉大な秘密が隠されている」と信じたいトート・タロット愛好家達はがっかりするでしょうが、クロウリーは大アルカナ24枚、全部で80枚のタロットデッキを作ろうとしていたわけではありませんでした。追加された2人の魔術師は「不思議な存在」ではなく、寛大で遊び心のある版元からの「おまけのカード」だったのです。

第6章

ケーススタディ

Case.1　1枚引きのケーススタディ①

【相談テーマ】　　今日の運勢

出たカード
ワンドの5（闘争）

A回答　シンプルな「1枚引き」の場合は、出たカードのタイトルや意味に加えて、占星術やカバラとの対応などに注目し、あらゆる切り口から解釈をしてみましょう。

　まず、このカードのテーマは「徹底的に話し合い、ベストな解決方法を見つける」です。今日は、対人関係がクローズアップされる1日となりそうです。相談者の立場によって解釈が異なりますが、もしあなたが学生なら授業中やホームルーム中にディスカッションが盛り上がったり、クラブやサークルで意見がぶつかったりするでしょう。もしあなたが社会人なら、ミーティングや会議が紛糾したり、同僚や上司と意見が対立したり、取引先とのトラブルが起こったりする可能性があります。また、もしあなたが主婦なら、家族と口ゲンカをしたり、友達と意見が合わずに険悪になったり、PTAや自治会の話し合いで声を荒げてしまう可能性があります。状況がどうであれ、一方的に意見を押し付けたり、逆に途中で引き下がったりすることなく、しっかり話し合うことで建設的な解決方法を導き出す努力が必要です。

　次に、テーマごとの運勢を導き出してみましょう。仕事はアップダウンが激しくなる運気です。会議やミーティングで自分の意見を通すために、リスクを取らなけれ

ばならない場面もあるでしょう。ライバルとの競争やあなたの邪魔をしてくる人物との対立も避けて通れないようです。

　恋愛は厳しいムードです。カップルは、恋人とケンカしてしまいそう。あなたも相手も引き下がらなくて、真正面からぶつかり合う暗示。片思い中の人は、恋愛を実らせるために障害を乗り越える覚悟が必要でしょう。シングルは、なかなか恋愛が自分の理想通りにいかず、ある程度の妥協を迫られるかもしれません。

　健康面は、怒ったり、興奮したりして、頭に血が上らないように気を付けましょう。特に、高血圧な人は注意が必要です。流血の暗示もあるので、イライラしても物に当たらないように。机を蹴ったり、物を投げたりすると、怪我をする恐れがあります。

　金銭面は、アグレッシブな姿勢を見せると有利です。あなたが営業職なら、強気の姿勢で売り込みに行きましょう。逆に買い物をするときは、積極的に値切り交渉をするとよいでしょう。

　対人面では、意欲的な人や血気盛んな人と縁がありそうです。相手の熱い話や武勇伝を聞いている間に、あなたの意欲や闘争心に火が付き、モチベーションが上がるかもしれません。最近やる気を失っているなら、良い影響を受けることができるでしょう。

　さらに、「占星術」との関連に注目してみましょう。「ワンド」は「火のエレメント」と対応するスートであり、このカードは「獅子座の土星」にあたります。獅子座は最も強くてバランスが取れた「火のエレメント」で、土星はそれを妨害する傾向があります。ピュアで華やかな獅子座が、抑圧と遅延を促す土星からプレッシャーを受け、本来の力を発揮できない場合があるでしょう。また、「火のエレメント」の中でも不動宮にあたる獅子座は、本来フットワークがあまり良くない方なので、土星の力が加わることで、さらに動きづらくなる可能性もあります。

　また、「生命の樹」に照らし合わせ、カバラとの関連に注目してみましょう。このカードは「火」のスートのゲブラー（正義）に対応します。前述のように、ワンドは「火のエレメント」にあたります。その上、ゲブラー自体が「火」なので、純粋で活動的な火の力に拍車がかかり、情熱や直感といった火の性質が強調されます。

　このように、今日はあらゆる場面で、積極的にリスクを取り、競争に立ち向かう瞬間があるようです。何事にも強気で立ち向かうと吉ですが、人を挑発したり、力まかせに行動したり、高飛車な態度を取らないように注意しましょう。体の中から湧いてくるエネルギーを良い方向に使うことが、開運のポイントです。

Case.2 1枚引きのケーススタディ②

【相談テーマ】　人生のテーマ

出たカード
Ⅶ　戦車

A 回答
Answer

　1枚引きで「人生のテーマ」のような壮大な内容を占う場合は、カードとしっかり向き合い、そのカードが示す本質的なメッセージを得ようとする姿勢を持つことが大切です。

　「Ⅶ 戦車」のカードに描かれた図像をよく見てみましょう。戦車には金の甲冑を着けた御者が乗っています。戦車を猛スピードで走らせることで、素早く目的地に着くことができます。ところが、御者は手綱を握って戦車を走らせる代わりに、聖杯を捧げ持っています。これは、目的の達成に向けて、魂を集中させている様子を示しています。

　このカードのキーワードは「目標達成」なので、相談者の「人生のテーマ」は「確固たる目標を決めて、その達成を目指そう」ということになります。さらに、カードの図像をじっくり見てみると、さらに深いメッセージを読み取ることができます。それは、「力とスピードにまかせてやみくもに動くのではなく、今、何をすべきか自分の胸に問い、目標をしっかり定めた上でその達成を目指せ」ということです。

　また、もし相談者が今、特に達成したい目標もなく、夢も希望もないような場

合は、それ自体が悩みの種であり、葛藤の原因となるでしょう。ところが、「Ⅶ 戦車」のカードには「自分に試練を課す」という意味もあるのです。目標達成のために動くことは大事ですが、意のままにならない現状を試練として自分を追い込むことも、人生にとって重要なことであると「Ⅶ 戦車」のカードは伝えています。

さらに、占星術やカバラの象徴に注目してみましょう。ヘルメットの装飾の蟹は、このカードが占星術の蟹座と関連をすることを表しています。蟹座は「水のエレメント」の「活動宮」です。情緒や感情を司る「水のエレメント」は受け身で女性的な印象ですが、積極的に動く「活動宮」は男性的な印象です。このことは、「Ⅶ 戦車」のカードが相反する二つの要素をあわせ持っていることを示しています。相談者の人生には、女性性（陰）と男性性（陽）どちらの要素も必要であるというメッセージです。

カバラとの関連では、このカードは「生命の樹」の3番目のセフィラであるビナー（理解）と5番目のセフィラであるゲブラー（正義）をつなぐ径（パス）に対応しています。抑圧の星である土星が司るビナーから始まり、活力の星である火星が司るゲブラーに至る様子は、プレッシャーをはねのけ、困難に打ち勝つことで、栄光を勝ち取ることを示唆しています。それこそ、相談者が目指すべき姿であると同時に、「人生のテーマ」となるでしょう。

Case.3 二者択一のケーススタディ

【相談テーマ】恋　愛

「先日、学生時代から付き合っている彼にプロポーズされました。とてもうれしかったのですが、彼の会社は転勤が多く、近い将来、私が仕事を辞めて彼についていく必要がありそうです。ただ、私は最近ようやく仕事が面白くなってきたので、まだまだ今の職場で働きたいと思っています。プロポーズを受けてもいいでしょうか？」（27歳・女性）

出たカード

1　現状＝カップの10（飽満）
2　Aを選んだ場合の成り行き＝カップの王女
3　Aを選んだ場合の結果＝ディスクの7(失敗)
4　Bを選んだ場合の成り行き＝カップのエース
5　Bを選んだ場合の結果＝Ⅶ 戦車
6　アドバイス＝XIII 死神

A回答 answer

「二者択一」のスプレッドでは、カードを展開する前に、どちらが「A」でどちらが「B」か、ハッキリ決めておきます。この設定があいまいだとリーディングがうまくいきません。

今回は、「二者択一」の選択肢を「イエス」と「ノー」にアレンジし、「A」を「イエス＝プロポーズを受ける」、「B」を「ノー＝プロポーズを受けない」、と設定して占いました。

まず、「現状」を示す1の位置には「カップの10（飽満）」のカードが出ました。彼との関係は幸せで満ち足りているようですが、交際歴が長い分、惰性で付き合っているようなところもあり、相談者はマンネリを感じているよううです。

次に、2と3のカードに注目し、「選択肢A：イエス＝プロポーズを受ける」の途中経過と結果がどうなっているのかを見てみましょう。

途中経過を示す2の位置に出た「カップの王女」は、とてもロマンティックな状況を表しています。プロポーズを受けた場合、相談者の心は喜びで満たされ、幸せな気持ちになるでしょう。悩んでいた仕事のことも、当面はうまく両立させられる兆しがあります。

ところが、3の結果を示す位置には「ディスクの7（失敗）」のカードが出ています。結婚を決めて幸せな気分に浸っていたのも束の間、すぐにいろいろな問題点が出てきて、「プロポーズを受けたのは失敗だった」と痛感することになりそうです。それが引き金となって、彼との関係が気まずくなったり、場合によっては婚約破棄という可能性もあります。

次に、4と5のカードに注目し、「選択肢B：ノー＝プロポーズを受けない」の途中経過と結果がどうなっているのかを見てみましょう。

途中経過を示す4の位置に出た「カップのエース」は、「純粋で神秘的な愛情に目覚める」というテーマのカードです。不思議なことに、プロポーズを断ったにも関わらず、相談者は深い愛情に満たされています。「結婚しない」という結論を出しても、2人は今までと変わらず恋人関係を続けることになりそうです。

結果を示す5の位置には「Ⅶ 戦車」のカードが出ました。このカードのテーマは、「自分に試練を課す」です。相談者が自ら目標を掲げて、その達成に向けてまい進していく姿を表しています。「プロポーズを受ける」という選択が受動的なものだとすれば、このカードが示す未来はとても積極的です。「プロポーズを断ったことで、さらに仕事に没頭し、キャリアアップを目指す」という展開を示唆しています。

ここまでの展開で注目したいのは、1、2、4の位置に出たカードがすべて「カッ

プ」だという点です。現状の位置に出た「カップの10（飽満）」に始まり、プロポーズを受けた場合の途中経過の位置に「カップの王女」、プロポーズを断った場合の途中経過の位置に「カップのエース」が出ています。「カップ」は占星術の「水のエレメント」に対応し、感情や想像の世界を示します。どちらの選択肢を選んだ場合も、途中経過（最初の段階）では相談者の心は愛に満ちあふれ、「私は幸せ！」と思える状態になるでしょう。

ただ、その後の「結果」に出たカードはどちらも現実的かつ能動的です。3の位置に出た「ディスク」のカードは「地のエレメント」に対応しているため、とても現実的です。おまけに生命の樹の「ネツァク」に対応するため、悲観的な結果を示唆しています。5の位置に出た「Ⅶ 戦車」は占星術では蟹座にあたり、「水のエレメント」に対応します。それと同時に「活動宮」であるため、「自分の城を自分で築く」というような勇敢でタフな能動性を持ち合わせています。

最後に、アドバイスの位置に出た「ⅩⅢ 死神」のカードに注目してみましょう。キーワードは「再生」です。プロポーズを受けても、断っても、相談者には何らかの新しい展開が訪れることになります。プロポーズを受ければ、生活がガラリと変わります。彼の転勤に伴って退職や転職を余儀なくされるなど、仕事の環境も大きく変わるでしょう。また、プロポーズを断れば、彼との関係が変化することになります。いったん距離を置いたり、2人の関係が終わったりする可能性もあるでしょう。「どんな場合も、変化することを恐れず、思い切って受け入れよう」という「ⅩⅢ 死神」のカードからのアドバイスです。

まとめとして、「結果」の位置に出たカード「ディスクの7（飽満）」と「Ⅶ 戦車」を見比べてみましょう。「プロポーズを断る」という選択をした方が、後悔がなく、明るい未来が待っていることがわかります。ただし、どちらの結果を選んだとしても、相談者の人生は大きく変化します。そのため、アドバイスカードのメッセージをヒントに、「どちらの選択肢を選んでも、現状維持にこだわらず、新しい一歩を踏み出そう」という心の準備をしておくとよいでしょう。

Case.4 生命の樹スプレッドのケーススタディ

> 【相談テーマ】 人 生
>
> 「金融機関で働いています。私生活は結婚5年目、夫と2人暮らしです。最近、子宮内膜症の手術をしたのをきっかけに、今後の人生を考えました。仕事は好きですがハードなので、これまでのペースで続ける自信がありません。子供もほしいですが、タイムリミットが迫ってきました。生活を変えるべきタイミングだと思いますが、どうすればいいでしょうか。」
> （38歳・女性）

出たカード

1. 個性＝ソードの9（残酷）
2. 潜在意識＝ソードの4（休戦）
3. 顕在意識＝Ⅲ女帝
4. 才能＝ワンドの7（勇気）
5. 挑戦＝カップの7（堕落）
6. 問題の核心＝カップの騎士
7. 願望＝ソードの女王
8. チャンス＝ⅩⅢ死神
9. ルーツ＝ワンドの王子
10. 環境＝カップのエース

A 回答 Answer

このスプレッドは、ひらめきにしたがってリーディングすることがポイントです。まず、スプレッドを上から下へ眺めて、それぞれのカードの勢いを感じ取りましょう。どのカードから最もパワーを感じるでしょうか。ワンド、ディスク、ソード、カップ、どのスートのカードが多いでしょうか。全体の色合いはどうでしょうか。

全体のカードの勢いは、2枚のアテュのカードがパワフルです。また、それぞれ隣接した3枚のコートカード（人物札）も存在感があります。色に注目すると、青っぽいカードが多い中で、「ワンドの王子」の赤々とした色調が際立っています。また、上下に並ぶ「ソードの4（休戦）」と「ワンドの7（勇気）」は、どちらもクロスの形が描かれていて、模様が似ていることに気付くでしょう。「生命の樹」の頂点のケテルの位置にある「ソードの9（残酷）」はおどろおどろしい雰囲気ですが、一番下のマルクトの位置にある「カップのエース」は明るくて平和な感じで、対照的なイメージです。

もう少し詳しく、「生命の樹」の上から順番にカードを見てみましょう。相談者の「個性」を表すカードは「ソードの9（残酷）」。剣からしたたり落ちる血は、涙のようにも見えます。手術後で心身共に万全な状態ではないのでしょう。すっかり自信を失くしている様子が伝わってきます。病魔に襲われた自分を呪うような、自虐的な気持ちもあるようです。

2番目の「潜在意識」を表す場所には、「ソードの4（休戦）」のカードが出ています。1番目と同じ「ソード」のスートですが、それと比べてカード全体の印象はソフトです。相談者は内心、「少し落ち着きたい」「ゆっくり休憩したい」と思っているのでしょう。そんな心模様が表れています。

3番目の「顕在意識」を表す場所には「Ⅲ 女帝」のカードが出ました。これは、2番目のカードからの流れをくんでいます。心の中で秘かに願っていた「穏やかな平和」が、明確な形となって表れています。

「才能」を表す4番目のカードには「ワンドの7（勇気）」が出ました。人生の岐路に立ち、今は少し弱気になっているようですが、相談者は本来、とても強い精神の持ち主のようです。逆境にくじけることなく頑張る努力と、困難に打ち勝とうとする勇気を持ち合わせています。

「挑戦」を表す5番目のカードには「カップの7（堕落）」が出ました。病み上がりで心身共に衰弱している今の状態が顕著に表れていて、「もう頑張る必要はないかも……」という弱気な感じが漂っています。少し休息することは大切ですが、ラクな方に流されてしまったり、投げやりな気分になって生活を立て直すことが遅れ

たりする恐れもあります。

　隣り合う4番目と5番目のカードは、どちらもナンバーが「7」で、「生命の樹」ではネツァクに関連します。ネツァクは「勝利」のセフィラであり、本能や成就を司る強いエネルギーを持っています。「ワンドの7（勇気）」と「カップの7（堕落）」は、カードの意味だけに注目すると正反対の印象です。ただ、相談者にとって「才能＝自然とできてしまうこと」と「挑戦＝努力しないとできないこと」だとすれば、両方の位置に同じセフィラに対応するカードが出たという点で、その二つの根幹はつながっていると言えるでしょう。

　5番目と6番目のカードは、同じ「カップ」のスートの中で移行しています。このことから、「挑戦」と「問題の核心」は密接にリンクしていることがわかります。「問題の核心」を表す場所には「カップの騎士」が出ました。「水の宮の火」を示すこのカードは、アグレッシブな情熱とロマンティックな情緒をあわせ持っています。キーワードは「理想」です。相談者が理想を追求する中で、強い心の葛藤が生まれたことがわかります。また、人物札が出た場合は、特定の人を示す場合が多いため、今回は「カップの騎士」が象徴するような「繊細で温厚な男性」がキーパーソンになっている可能性もあります。彼女の夫がこのタイプなら、「カップの騎士」が彼を示している可能性もあるでしょう。また、別の視点から見ると、「カップの騎士」は相談者の中の「男性性」がフォーカスされていると考えることもできます。

　7番目の「願望」の場所に出たカードは「ソードの女王」で、これもコートカード（人物札）です。「カップの騎士」が感情や情緒を司る「水のエレメント」であるのとは対照的に、「ソードの女王」は知性や思考を司る「風のエレメント」に属しています。このカードにはクヨクヨ思い悩むのを止めたい、ネガティブな感情から自由になりたい、という相談者の「願望」が表れています。

　8番目の「チャンス」を示す位置に出たのは、「XIII 死神」のカードです。パワフルなこのカードが象徴するのは「変化」で、テーマは「破壊を経て、再生の道を進む」。これまでの生き方や生活パターンを変えるためには、思い切りや覚悟が必要です。失うものも少なからずあるでしょう。ところが、このカードは、それこそがチャンスだと告げています。病気自体は不幸なことですが、相談者に大切な「気付き」をもたらす重要なキッカケとなり、長い目で見るとポジティブな方向転換をするチャンスとも考えられるのです。

　9番目の「ルーツ」を示すカードは「ワンドの王子」です。6番目と7番目のカードに次ぐコートカード（人物札）です。ただし、今度は「火のエレメント」に属する「ワ

ンド」のスートです。「火の宮の風」に対応する「ワンドの王子」は、相談者の「ルーツ」が自信に満ちあふれ、楽観的なところにあることを示しています。この場合の「ルーツ」とは何か、さまざまな考え方ができますが、生まれ育った家庭や地域の環境、幼少期に刷り込まれた考え方のクセ、心のふるさと、自分が帰るべき場所など、相談のテーマにしっくりくるパターンを当てはめてみるとよいでしょう。

　最後に、10番目の「環境」を示す位置には「カップのエース」のカードが出ました。6番目からコートカード、アトゥ、とパワフルなカードが続いてきましたが、最後の「エース」も同じく強い力を持っています。感情や情緒を表す「カップ」のスートの中でも、「エース」は水のエレメントの力の根源を表す最も強力なカードです。これは、相談者が「純粋で神秘的な愛情に目覚める」準備が整ったことを示しています。願いを叶える用意はできているので、相談者は自分の心に素直に従い、安心して動き出すことができるでしょう。

　ここまでそれぞれのカードを詳しく解釈してきましたが、さらにもう一歩踏み込んで見てみましょう。スプレッド全体を眺めると、「ディスク」のカードが1枚も出ていないことに気付きます。「ディスク」は占星術の「地のエレメント」を表すカードです。また、コートカードの「王女」も「地のエレメント」を表しますが、今回のスプレッドには登場していません。その他のコートカード（王子女王、騎士）は出ているので、この場合は「王女が出なかった」ことに意味があります。

　この他に、「地のエレメント」に関するカードはあるでしょうか。「Ⅲ 女帝」は占星術の「金星」と対応します。そして、「金星」は「牡牛座」と「天秤座」のルーラー（守護星）です。「牡牛座」は「地のエレメント」にあたり、ここでようやく「地」の要素が出てきました。

　「地のエレメント」が象徴するのは、現実的な感覚です。今の相談者に足りないものは、目の前の現実としっかり向き合うことだと言えるでしょう。そのために、もし相談者に「今の自分に必要なものは？」と質問された場合は、「ディスク」が象徴する「地のエレメント」の要素を補足するようアドバイスするとよいでしょう。

　上から下へひと通りリーディングしたら、次は下から上へスプレッドを眺めます。この場合も、最初は細かく解釈しようとせず、それぞれのカードの関係性に思いを巡らせてみてください。今回は「生命の樹」の下方にパワフルなカードが集中していましたが、下から上に向けてカードを眺めることで印象が変わり、異なるインスピレーションを得られるかもしれません。小さなひらめきを大切にしながら、ゆっくり時間をかけてリーディングしましょう。

Case.5 女司祭スプレッド

【相談テーマ】 留学

「海外の大学院に留学したいので、働きながら受験の準備をしています。勉強に充てられる時間に限りがあり、体力も限界ですが、うまくいくでしょうか?」（28歳・男性）

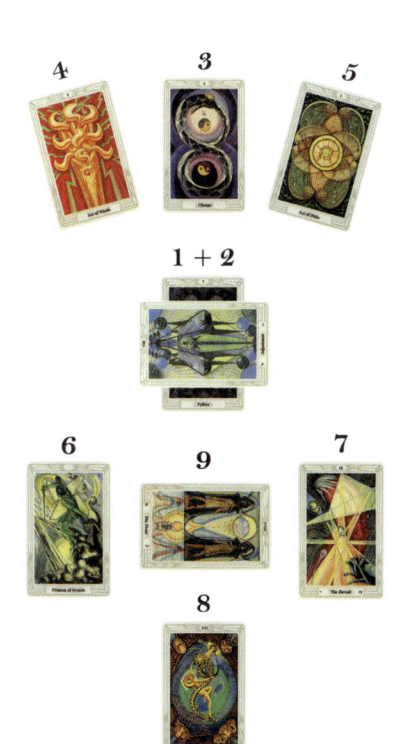

出たカード

1＋2　女司祭の胸についた十字＝質問のテーマ

1　ディスクの7（失敗）

2　Ⅷ 調整

3　満月＝今のあなたに強く影響を与えているもの／ディスクの2（変化）

4　膨らむ月＝カード3の影響を強める力／ワンドのエース

5　欠ける月＝カード3の影響を抑える力／ディスクのエース

6　闇にあるもの＝潜在意識／ソードの王女

7　光の中にあるもの＝顕在意識／Ⅸ 隠者

8　女司祭の足元にある月の船＝どこへ向かうか、次に何が起こるか／ⅩⅩⅠ 宇宙

9　女司祭の膝の上にある弓矢＝秘密／ⅩⅧ 月

A 回答 answer

　最初に、1と2のカードに注目しましょう。現状を示す1の位置には、「ディスク7（失敗）」、追加テーマを示す2の位置には「Ⅷ 調整」が出ました。「留学に失敗するのではないか」という不安な気持ちと、「目標達成を目指そう」という前向きな気持ちが入り混じり、どうにか心のバランスを保とうとしている状態です。また、オンとオフ、仕事と勉強、両者のバランスを取ろうと努力している様子が表れています。

　次に、3、4、5のカードから、時系列ごとの影響を見てみましょう。それぞれの共通点と相違点を探してみると、3と5のカードはどちらも「ディスク」で、占星術では「地のエレメント」に関連していることがわかります。また、4と5のカードはどちらも「エース」だという共通点があります。

　3の位置に出た「ディスクの2（変化）」のカードは、今の相談者に強く影響を与えているものです。「留学によって生き方を変えたい」という、彼の強い意志が表れています。その影響を抑えているのは、5の位置に出た「ディスクのエース」のカードです。これは、「地の力の根源」を象徴しているので、「ディスクの2（変化）」のカードに対して、「安定」を促していると考えられます。

　一方、4の位置に出た「ワンドのエース」のカードは、「ディスクの2（変化）」の影響を強める力を持っています。占星術の「地のエレメント」に関連する「ディスク」に対して、「火のエレメント」に関連する「ワンド」は情熱や直感を象徴します。しかも、「ワンドのエース」はワンドのスートの中で最もパワフルな「火の力の根源」を表すカードなので、「留学によって生き方を変えたい」という相談者の気持ちを強力にサポートしています。ただし、4と5の位置に出たのは共に「エース」のカードなので、その影響力はどちらも同じくらい強力です。日本で今の仕事を続ける「安定」（ディスクのエース）と、留学という未知の経験をしたいという「情熱」（ワンドのエース）が、拮抗している状況です。

　また、この3枚のカードを「生命の樹」に照らし合わせてカバラとの関連に注目してみると、2枚のエースは1番目のセフィラ「ケテル」に属し、「ディスクの2（変化）」は2番目のセフィラ「コクマー」に属しています。カードの配置では、「ディスクの2（変化）」が今のあなたの状況を表すメインカードになります。一方、「生命の樹」では、このカードが属する「コクマー」は2枚のエースが属する「ケテル」から流出したセフィラなので、影響力のベクトルが逆転していることがわかります。

　さらに、7→6の順番で、顕在意識と潜在意識を判断します。顕在意識を示す7の位置に出たのは「Ⅸ 隠者」のカード、潜在意識を示す6の位置に出たの

は「ソードの王女」のカードです。アテュとコートカード、どちらも強いエネルギーを持っていますが、6のカードの「内なる原動力」は、7のカードよりも強い影響があります。この場合、「Ⅸ 隠者」には、相談者の「落ち着いて勉強に専念したい」「ひとりでゆっくり留学について考える時間が必要だ」という気持ちが顕著に表れています。一方、「ソードの王女」は、とても論理的なカードです。相談者は内心、「どうしたらスムーズに留学準備を進められるのか、具体的な手段を見つけるべきだ」と冷静に考えているようです。「Ⅸ 隠者」が「もっと勉強する時間があったらいいのに」という「理想」だとしたら、「ソードの王女」はそれを実現可能にする「具体的な計画」を表しています。どちらのカードからも、相談者の真剣な様子がうかがえるので、潜在意識と顕在意識の間に大きな差はありません。

　また、ここでカバラとの関連に注目してみると、ゲブラーとティファレトをつなぐ「Ⅷ 調整」と、ケセドとティファレトをつなぐ「Ⅸ 隠者」は、どちらも6番目のセフィラ「ティファレト」とつながっていることがわかります。これは、今回のリーディングにおいて、「質問の追加テーマ」と「顕在意識」が密接に関連していることを示しています。

　次に、「どこへ向かうか、次に何が起こるか」という未来の状況を示す8の位置には「XXI 宇宙」のカードが出ました。「大いなる業」の完成を表すこのカードは78枚すべてのカードの中で最も強力な1枚です。「完成、安心、満足」などの意味があります。勉強を占ってこのカードが出た場合は、「合格する、満点を取る、完ぺきに理解する」と解釈できます。とても明るく、喜びに満ちあふれた未来の兆しです。相談者は満足のいく形で留学を実現させることができるでしょう。

　さらに、カバラとの関連に注目してみると、「ソードの王女」と「XXI 宇宙」につながりがあることがわかります。イエソドとマルクトをつなぐパス（径）にあたる「XXI 宇宙」は、10番目のセフィラ「マルクト」に属する「ソードの王女」につながっています。そのため、「ソード王女」の表す「潜在意識」が、「XXI 宇宙」の表す「未来」に大きな影響を与えていると考えられるでしょう。

　最後に「女司祭の秘密」を示す9番目のカードを開いてみましょう。「XVIII 月」のカードが出ました。アテュであるため、女司祭の秘密は明かされました。奇しくも、「女司祭」は占星術の「月」と対応するカードです。暗闇の中でぼんやりと光る「月」は、見えないものに対する不安を表します。そして、この「XVIII 月」のカードのテーマは「恐怖や不安に直面する」です。相談者の未来を阻むものは、時間やお金や体力ではなく、「留学に失敗するのではないか」という不安であり、それを乗り

越えてこそ夢の実現への道が開けるという「秘密」が明かされています。

　まとめとして、「エッセンスアドバイス」を見てみましょう。このスプレッドで出たカードの数を順番に足すと、7＋8＋2＋1＋1＋9＋21＋18 ＝ 67 →6＋7＝ 13 →4 となります。

　「4」と「13」のエッセンスアドバイスを見ると、「新しいものを生み出し、盤石なものにするためには(皇帝)、古いものを終わらせなくてはなりません(死神)」とあります。留学を成功させるためには、それに必要な勉強や今の職場でやるべきことを、しっかり済ませなくてはならないというアドバイスです。

■参考文献

アレイスター・クロウリー著（榊原宗秀訳）『トートの書』、国書刊行会、2004 年

アレイスター・クロウリー著（島弘之、植松靖夫訳）『法の書』、国書刊行会、1984 年

アレイスター・クロウリー著（島弘之、江口之隆、植松靖夫訳)

『魔術　理論と実践（上・下）』、国書刊行会、1997 年

マンガラ・ビルソン著（伊藤アジータ訳）『直感のタロット 意識のためのツール』

市民出版社、2009 年

フェルナン・コント著（蔵持不三也訳)『ラルース世界の神々　神話百科』

原書房、2006 年

吉村正和著、『図説 錬金術』、河出書房新社、2012 年

Banzhaf, Hajo, Theler, Brigitte

Keywords for the Crowley Tarot, Weiser Books, San Francisco, CA, 2001.

DuQuette, Lon Milo.

Understanding Aleister Crowley's Thoth Tarot, Weiser Books, San Francisco, CA, 2003.

Snuffin, Michael Osiris.

The Thoth Companion: The Key to the True Symbolic Meaning of the Thoth Tarot,

Llewellyn Publications, Woodbury, MN, 2007.

Wasserman, James

Instructions for Aleister Crowley's THOTH Tarot Deck,

U.S. Games Systems, Inc., Stanford, CT, 1983

■参考資料

<占星術・12サインの記号>

サイン	記号	エレメント	2区分	3区分	守護星
牡羊座	♈	火	男性宮（＋）	活動宮	火星
牡牛座	♉	地	女性宮（－）	不動宮	金星
双子座	♊	風	男性宮（＋）	柔軟宮	水星
蟹座	♋	水	女性宮（－）	活動宮	月
獅子座	♌	火	男性宮（＋）	不動宮	太陽
乙女座	♍	地	女性宮（－）	柔軟宮	水星
天秤座	♎	風	男性宮（＋）	活動宮	金星
蠍座	♏	水	女性宮（－）	不動宮	冥王星
射手座	♐	火	男性宮（＋）	柔軟宮	木星
山羊座	♑	地	女性宮（－）	活動宮	土星
水瓶座	♒	風	男性宮（＋）	不動宮	天王星
魚座	♓	水	女性宮（－）	柔軟宮	海王星

<占星術・惑星の記号>

サイン	記号
太陽	☉
月	☾
水星	☿
金星	♀
火星	♂
地球	⊕
木星	♃
土星	♄
天王星	♅
海王星	♆
冥王星	♇

<四大元素の記号>

火	地	風	水
△	▽̶	△̶	▽

<錬金術の記号>

硫黄	水銀	塩
🜍	☿	⊖

<占星術とカバラ（生命の樹）の対応>

惑星名	惑星記号	セフィラ
海王星	♆	ケテル
天王星	♅	コクマー
土星	♄	ビナー
木星	♃	ケセド
火星	♂	ゲブラー
太陽	☉	ティファレト
金星	♀	ネツァク
水星	☿	ホド
月	☾	イエソド

<ヘブライ文字>

ヘブライ文字	ヘブライ文字の読み方	数価
א	Aleph アレフ	1
ב	Beth ベス	2
ג	Gimel ギメル	3
ד	Daleth ダレス	4
ה	He ヘー	5
ו	Vau ヴァウ	6
ז	Zain ザイン	7
ח	Cheth ケス	8
ט	Theth テス	9
י	Yod ヨッド	10
כ,ך	Kaph カフ	20, 500
ל	Lamed ラメド	30
מ,ם	Mem メム	40, 600
נ,ן	Nun ヌーン	50, 700
ס	Samekh サメク	60
ע	Ayin アイン	70
פ,ף	Pe ペー	80, 800
צ,ץ	Tzaddi ツァダイ	90, 900
ק	Koph クォフ	100
ר	Resh レシュ	200
ש	Shin シン	300
ת	Tau タウ	400

<スモールカードとコートカードの占星術との対応図>

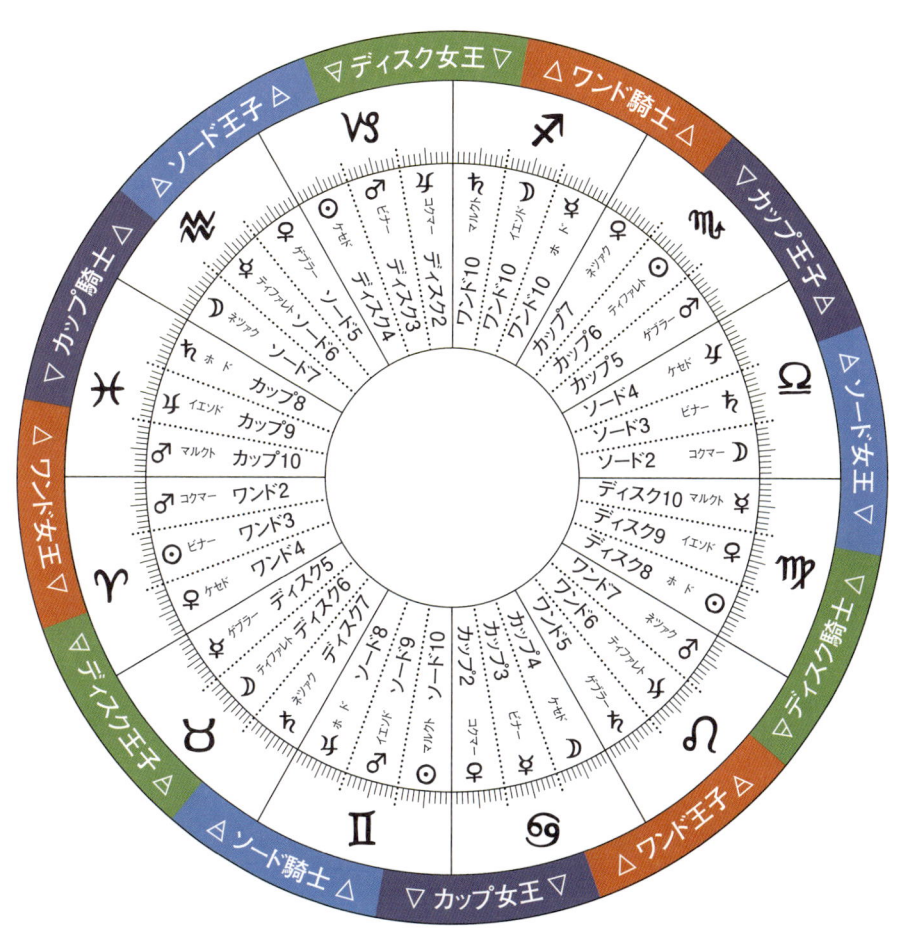

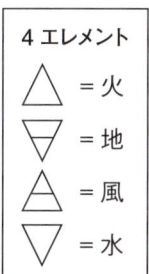

4 エレメント
- △ = 火
- ▽ = 地
- △ = 風
- ▽ = 水

＜タロットとカバラ（生命の樹）の対応図＞

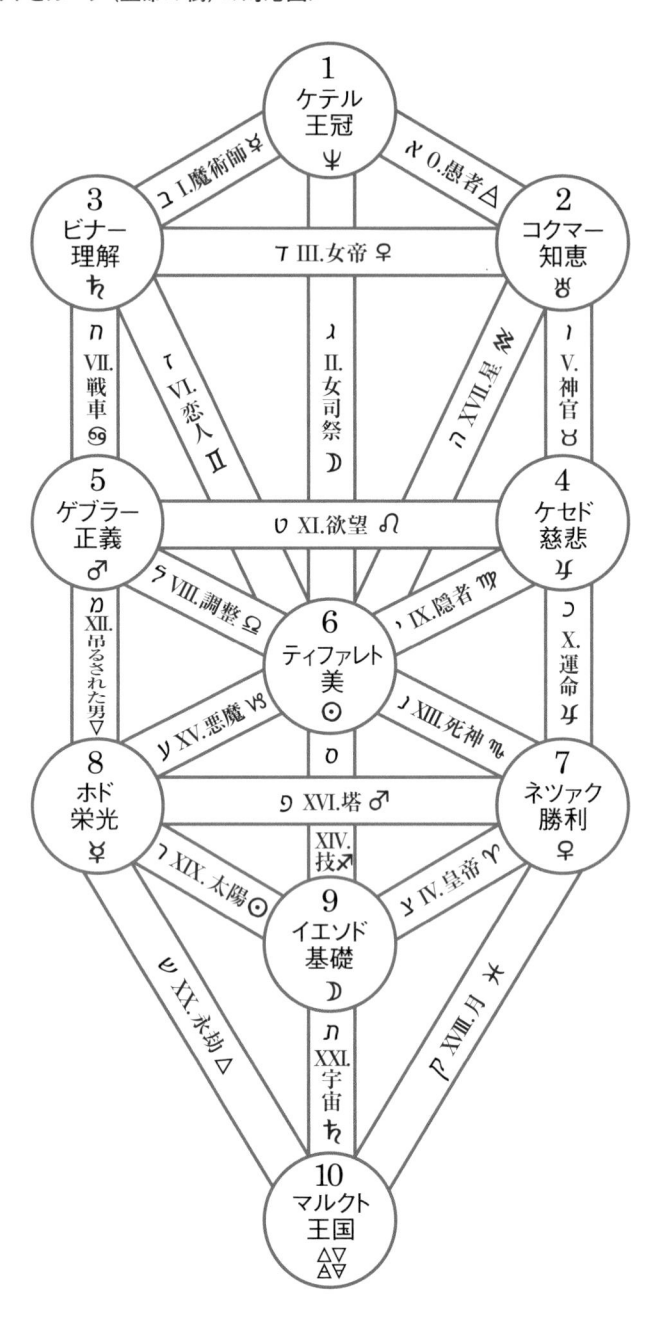

<アテュ>

	カード名	ヘブライ語	ヘブライ語(意味)	占星術	生命の樹のパス
0	0. 愚者【The Fool】	א	アレフ(雄牛)	風のエレメント	ケテル=コクマー
1	I. 魔術師【The Magus】	ב	ベス(家)	水星	ケテル=ビナー
2	II. 女司祭【The Priestess】	ג	ギメル(らくだ)	月	ケテル=ティファレト
3	III. 女帝【The Empress】	ד	ダレス(扉)	金星	コクマー=ビナー
4	IV. 皇帝【The Emperor】	צ,ץ	ツァダイ(釣り針)	牡羊座	ネツァク=イエソド
5	V. 神官【The Hierophant】	ו	ヴァウ(釘)	牡牛座	コクマー=ケセド
6	VI. 恋人【The Lovers】	ז	ザイン(剣)	双子座	ビナー=ティファレト
7	VII. 戦車【The Chariot】	ח	ケス(柵)	蟹座	ビナー=ゲブラー
8	VIII. 調整【Adjustment】	ל	ラメド(鞭)	天秤座	ゲブラー=ティファレト
9	IX. 隠者【The Hermit】	י	ヨッド(手)	乙女座	ケセド=ティファレト
10	X. 運命【Fortune】	כ,ך	カフ(手の平)	木星	ケセド=ネツァク
11	XI. 欲望【Lust】	ט	テス(蛇)	獅子座	ケセド=ゲブラー
12	XII. 吊るされた男【The Hanged Man】	מ,ם	メム(水)	水のエレメント	ゲブラー=ホド
13	XIII. 死神【Death】	נ,ן	ヌーン(魚)	蠍座	ティファレト=ネツァク
14	XIV. 技【Art】	ס	サメク(支柱)	射手座	ティファレト=イエソド
15	XV. 悪魔【The Devil】	ע	アイン(目)	山羊座	ティファレト=ホド
16	XVI. 塔【The Tower】	פ,ף	ペー(口)	火星	ネツァク=ホド
17	XVII. 星【The Star】	ה	ヘー(窓)	水瓶座	コクマー=ティファレト
18	XVIII. 月【The Moon】	ק	クォフ(後頭部)	魚座	ネツァク=マルクト
19	XIX. 太陽【The Sun】	ר	レシュ(頭)	太陽	ホド=イエソド
20	XX. 永劫【The Aeon】	ש	シン(歯)	火のエレメント	ホド=マルクト
21	XXI. 宇宙【The Universe】	ת	タウ(十字形)	土星	イエソド=マルクト

＜コートカード＞

【ワンド】

カードのタイトル	4エレメント	占星術	カバラ(生命の樹)
Knight of Wands ワンドの騎士	火の宮の火	蠍座20度～射手座20度	コクマー
Queen of Wands ワンドの女王	火の宮の水	魚座20度～牡羊座20度	ビナー
Prince of Wands ワンドの王子	火の宮の風	蟹座20度～獅子座20度	ティファレト
Princess of Wands ワンドの王女	火の宮の地	対応なし。アジアの天空	マルクト

【カップ】

カードのタイトル	4エレメント	占星術	カバラ(生命の樹)
Knight of Cups カップの騎士	水の宮の火	水瓶座20度～魚座20度	コクマー
Queen of Cups カップの女王	水の宮の水	双子座20度～蟹座20度	ビナー
Prince of Cups カップの王子	水の宮の風	天秤座20度～蠍座20度	ティファレト
Princess of Cups カップの王女	水の宮の地	対応なし。太平洋の天空	マルクト

【ソード】

カードのタイトル	4エレメント	占星術	カバラ(生命の樹)
Knight of Swords ソードの騎士	風の宮の火	牡牛座20度～双子座20度	コクマー
Queen of Swords ソードの女王	風の宮の水	乙女座20度～天秤座20度	ビナー
Prince of Swords ソードの王子	風の宮の風	山羊座20度～水瓶座20度	ティファレト
Princess of Swords ソードの王女	風の宮の地	対応なし。 南北アメリカの天空	マルクト

【ディスク】

カードのタイトル	4エレメント	占星術	カバラ(生命の樹)
Knight of Disks ディスクの騎士	地の宮の火	獅子座20度～乙女座20度	コクマー
Queen of Disks ディスクの女王	地の宮の水	射手座20度～山羊座20度	ビナー
Prince of Disks ディスクの王子	地の宮の風	牡羊座20度～牡牛座20度	ティファレト
Princess of Disks ディスクの王女	地の宮の地	対応なし。 ヨーロッパとアフリカの天空	マルクト

＜スモールカード＞

【ワンド】

カードの番号	カードのタイトル	タイトルの意味	占星術	カバラ(生命の樹)
Ace(1)	Ace of Wands	火の力の根源	火のサイン (牡羊座、獅子座、射手座)	ケテル
2	Dominion	支配	牡羊座の火星	コクマー
3	Virtue	美徳	牡羊座の太陽	ビナー
4	Completion	完成	牡羊座の金星	ケセド
5	Strife	闘争	獅子座の土星	ゲブラー
6	Victory	勝利	獅子座の木星	ティファレト
7	Valour	勇気	獅子座の火星	ネツァク
8	Swiftness	迅速	射手座の水星	ホド
9	Strength	剛毅	射手座の月	イエソド
10	Oppression	抑圧	射手座の土星	マルクト

【カップ】

カードの番号	カードのタイトル	タイトルの意味	占星術	カバラ(生命の樹)
Ace(1)	Ace of Cups	水の力の根源	水のサイン(蟹座、蠍座、魚座)	ケテル
2	Love	愛	蟹座の金星	コクマー
3	Abundance	豊潤	蟹座の水星	ビナー
4	Luxury	贅沢	蟹座の月	ケセド
5	Disappointment	失望	蠍座の火星	ゲブラー
6	Pleasure	快楽	蠍座の太陽	ティファレト
7	Debauch	堕落	蠍座の金星	ネツァク
8	Indolence	怠惰	魚座の土星	ホド
9	Happiness	幸福	魚座の木星	イエソド
10	Satiety	飽満	魚座の火星	マルクト

【ソード】

カードの番号	カードのタイトル	タイトルの意味	占星術	カバラ(生命の樹)
Ace(1)	Ace of Swords	風の力の根源	風のサイン(双子座、天秤座、水瓶座)	ケテル
2	Peace	平和	天秤座の月	コクマー
3	Sorrow	悲しみ	天秤座の土星	ビナー
4	Truce	休戦	天秤座の木星	ケセド
5	Defeat	敗北	水瓶座の金星	ゲブラー
6	Science	科学	水瓶座の水星	ティファレト
7	Futility	無益	水瓶座の月	ネツァク
8	Interference	干渉	双子座の木星	ホド
9	Cruelty	残酷	双子座の火星	イエソド
10	Ruin	破滅	双子座の太陽	マルクト

【ディスク】

カードの番号	カードのタイトル	タイトルの意味	占星術	カバラ（生命の樹）
Ace (1)	Ace of Disks	地の力の源	地のサイン（牡牛座、乙女座、山羊座）	ケテル
2	Change	変化	山羊座の木星	コクマー
3	Works	作業	山羊座の火星	ビナー
4	Power	力	山羊座の太陽	ケセド
5	Worry	心配	牡牛座の水星	ゲブラー
6	Success	成功	牡牛座の月	ティファレト
7	Failure	失敗	牡牛座の土星	ネツァク
8	Prudence	用心	乙女座の太陽	ホド
9	Gain	獲得	乙女座の金星	イエソド
10	Wealth	富	乙女座の水星	マルクト

Column.5

錬金術とトート・タロット

　錬金術とは、主に中世ヨーロッパで研究された卑金属から貴金属を合成する「技」のこと。わかりやすく言えば、人工的に金（ゴールド）を作る技術です。ただ、その真の目的は、不老不死を実現する「賢者の石」や「霊薬（エリクシール）」を得ることでした。近代科学の基礎になった錬金術は、永遠の命を手に入れるための神秘的な研究活動でもあったのです。

　トート・タロットにも錬金術のシンボルが数多く盛り込まれています。その例をいくつかご紹介しましょう。

　まず、「Ⅱ 女司祭」、「Ⅲ 女帝」、「Ⅳ 皇帝」の3枚のカードを見てください。これらはそれぞれ、錬金術の三原質である水銀、塩、硫黄に関連しています。

　次に注目したいのは「ⅩⅢ 死神」で、これは錬金術の腐敗作用を説明するカードです。錬金術の作業工程の第一段階は黒化（ニグレド）と呼ばれ、物質は溶解と腐敗の状態になります。その後、物質は第二段階・白化（アルベド）で純粋な状態に、第三段階・赤化（ルベド）で完全な状態になります。錬金術において腐敗（物質の死）は、新しい生命が誕生するための必須条件です。そのため、「ⅩⅢ 死神」は単なる「死」ではなく、「死と再生」を示唆しているのです。

　また、アレイスター・クロウリーは『トートの書』の中で、「ⅥとⅩⅣによって、錬金術の普遍的な格言、『分解し、而して融合せよ』が構成される」と述べています。ⅩⅣには、その名も「技」というタイトルがついており、相反するものを融合する錬金術の「技」が描かれています。2つの顔を持つ錬金術師は両性具有者です。その姿は女性性と男性性の融合を表すのと同時に、錬金作業の最終段階を暗示しています。

　このように、トート・タロットにはカバラや占星術だけでなく、錬金術のシンボルも巧みに盛り込まれています。錬金術の背景や仕組みを知ることで、理解を深めることができるでしょう。

「トート・タロット」は OTO の許可を得て掲載しました。

Aleister Crowley and Frieda Lady Harris Thoth Tarot Ⓒ Ordo Templi Orientis. All rights reserved. Used by permission.

※本書で使用したタロットカードは、
ニチユー株式会社（日本輸入代理店・販売元）で取り扱っております。
電話／ 03-3843-6431
FAX ／ 03-3843-6430
http://www.nichiyu.net/

おわりに

　最後までお読みいただき、ありがとうございました。トート・タロットの世界は、いかがでしたでしょうか。この本を通してトート・タロットへの興味が深まり、これからもっと使ってみようと思っていただけたら、著者としてこれほどうれしいことはありません。

　執筆に際しては、トート・タロットに初めて触れる方にも読みやすい内容を心がけました。専門的な言葉や記述が難しい部分もあったかもしれませんが、全部理解できなくても大丈夫です。また、カードの意味を丸暗記する必要もありません。

　タロット上達のコツは、「カードと仲良くなること」です。タロットカードを使う頻度が高いほど、インスピレーションが刺激されて、直感を磨くことができます。本書は「トート・タロット占いの手引き」として、あらゆるテーマに対応できる内容と構成になっているので、いつも手元に置いて末永く愛用していただければ幸いです。

　「リーディングが上達してきた」と感じる人は、さらに主体的にカードと向き合ってみてください。最終的な目標は「カードと信頼関係を築くこと」です。「このカードが出たことには、どんな意味があるのだろう」、「今日はコートカードが何枚も出るけれど、どうしてだろう」など、掘り下げて考えるクセをつけましょう。繰り返しトレーニングすることで、より充実したリーディングができるようになります。

　また、誰かの悩みを聞いてアドバイスをする際は、誠実なリーディングをしようという心構えが必要です。なぜなら、あなたのアドバイスがきっかけで相談者の考え方や行動に変化が生まれ、場合によっては人生を左右することもあるからです。「たかがタロット占い」とあなどることなく、「相手の人生を変えてしまうかもしれない」という緊張感を持ってリーディングをしましょう。

　これはタロットだけでなく占い全般に当てはまることですが、「ここまでやったから完ぺき」ということはありません。一生勉強の世界ですから、占いに携わる人はプロやアマチュアといった立場に関わらず、常に謙虚に学ぶ姿勢を持ち続けることが大切です。トート・タロットのカードにた

えるなら、アテュI "The Magus（魔術師）" が示す「高次の知覚を得て、すべてのことを認識する」というレベルを目指すくらいの心意気が必要なのです。

このように、一朝一夕でマスターするのは難しいタロット占いですが、時間をかけてじっくり取り組めば、上達を実感できる日がきっとやってくるはずです。タロットのリーディングを行うときに最も大切なのは、「真剣にカードと向き合うこと」。いい加減な気持ちでカードをめくっても、あいまいな答えしか出てきません。逆に、真摯な気持ちでカードに問いかければ、カードはその期待に応えてくれます。あなたとカードが信頼関係で結ばれたとき、素晴らしいリーディングができるようになるでしょう。

最後に、本書の出版にあたってお世話になった皆様に、心よりお礼を申し上げます。「初心者向けのトート・タロット解説書を作りたい」という企画にご賛同いただき、出版の機会を設けてくださった説話社・出版部の高木利幸様には大変感謝しております。トート・タロットの世界観を踏襲してステキな本に仕上げてくださったデザイナーの市川さとみ様、読者に本をお届けする過程でご尽力いただいた説話社・営業部の棚田利和様にも、心よりお礼を申し上げます。

また、執筆中にサポートしてくれた家族、応援の言葉をかけてくれた友人達にも、感謝の気持ちでいっぱいです。

ありがとうございました。

2012年5月　金環日食の日に

　　　　　　　　　　　　　　　　　　　　　　　伊藤マーリン

著者紹介

伊藤 マーリン（いとう・まーりん）

トート・タロット研究家。マジカル・タロット協会主宰。東西の占術を学んだ後、魔術的で神秘的なトート・タロットに魅せられて研究を始める。原稿執筆、WEB・携帯サイトのコンテンツ制作、個人カウンセリングなどで活躍中。トート・タロットの普及を目指し、講座やセミナーの開催、講演も行っている。

ブログ「ザ・トート・タロット」http://ameblo.jp/thoth117/

ザ・トート・タロット

発行日　2012年7月9日　初版発行
　　　　2023年11月20日　第6刷発行

著　者　伊藤マーリン
発行者　酒井文人
発行所　株式会社説話社
　　　　〒102-0074 東京都千代田区九段南1-5-6 りそな九段ビル5階
　　　　URL https://www.setsuwa.co.jp

デザイン　市川さとみ
編集担当　高木利幸

印刷・製本　中央精版印刷株式会社
© Merlin Ito Printed in Japan 2012
ISBN 978-4-916217-97-4　C 2011

落丁本・乱丁本はお取り替えいたします。
購入者以外の第三者による本書のいかなる電子複製も一切認められていません。

説話社の本

ライダー版（ウェイト版）タロット占いのバイブルが誕生！

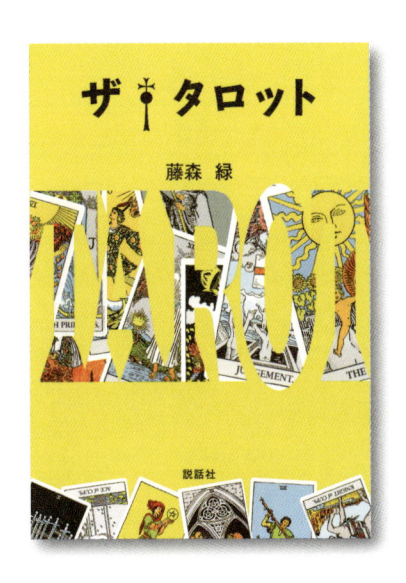

ザ・タロット

藤森 緑・著

A5判・並製・248頁
定価 2,750円
（本体2,500円＋税10%）

世界中で一番売れて、親しまれているタロットカードがライダー版（ウェイト版）タロット。そのタロットカードをオールカラーでわかりやすく解説しています。この1冊であなたもタロット占い師！

説話社の本

タロット占いの第一歩は"らくらく"におまかせ！

はじめての人のための
らくらくタロット入門

藤森 緑・著

Ａ５判・並製・128頁
定価 1,320円
(本体1,200円＋税10%)

タロット占いにムズカシイ知識は不要！今すぐにタロット占いをはじめたくなるはず。タロット入門書の決定版！

続 はじめての人のための
らくらくタロット入門

藤森 緑・著

Ａ５判・並製・144頁
定価 1,430円
(本体1,300円＋税10%)

大好評の『らくらく入門』の続編。小アルカナだって、本書があれば"らくらく"マスター！

トランプでも占いができるって知っていましたか？

大人のための
トランプ占い入門

寺田 祐・著

Ａ５判・並製・148頁
定価 1,320円
(本体1,200円＋税10%)

私達になじみ深いトランプはゲームや手品だけでなく、占いとしての力もあったのです。懐かしくも新しい、トランプ占いの入門書が登場！